Albrecht Ade
Painted with Light
Photages

Veröffentlicht in Zusammenarbeit mit der Film-
akademie Baden-Württemberg.
Published in cooperation with the Film Academy
Baden-Württemberg.

Albrecht Ade
Painted with Light
Photages

Essay
Gottfried Knapp

Edition Axel Menges

Reproduktionen/Reproductions: Kleiber Studio
GmbH, Fellbach, Germany
Druck und Bindearbeiten/Printing and binding:
Daehan Printing and Publishing Co., Ltd., Sungnam,
Korea

Englische Übersetzung/English translation:
Michael Robinson, London

6   Gottfried Knapp: Auf dem Weg in die vierte Dimen-
      sion. Albrecht Ades Photagen

15   Wir steigen die Treppe hinauf und betreten die Halle
21   Die Stadt hinter dem Strom
33   Szenen eines niemals gedrehten Films
43   Reisewege ins Abseits
49   Besuch aus anderen Welten
55   Plötzlich, mitten in der Menge, eine Jungfrau mit Kind
61   In stillen Gärten
73   Der Künstler ist anwesend
79   Der schöne Schein der Vergänglichkeit
87   Bessere Aussichten

92   Albrecht Ade: Über das Licht
96   Danksagung

10   Gottfried Knapp: On the way into the fourth dimen-
      sion. Albrecht Ade's photages

15   We go upstairs and enter the hall
21   The town beyond the river
33   Scenes from a film that was never shot
43   Travelling off the beaten track
49   Visitors from other worlds
55   Suddenly, amidst the crowd, a virgin with a child
61   In quiet gardens
73   The artist is present
79   The appealing semblance of transitoriness
87   Better views

94   Albrecht Ade: About the light
96   Word of thanks

Gottfried Knapp
*Auf dem Weg in die vierte Dimension. Albrecht Ades
Photagen*

Im Vordergrund ist ein langer weißer Tisch quer aufge-
stellt. An den Kopfenden rechts und links sitzen zwei
maskierte jugendliche Figuren in theatralisch auffälliger
Haltung einander gegenüber. Hinter ihnen ist eine länd-
liche Situation zu erkennen: Ein Feldweg führt an der
Wand eines stallartigen Gebäudes entlang nach hinten.
Man könnte folgern, daß die jungen Leute den Tisch ins
Freie an den Wegrand gestellt haben, um vor der ländlichen Kulisse einem unsichtbaren Publikum etwas vorzu-
spielen, doch die seltsamen atmosphärischen Verunklä-
rungen des Bildinhalts und die lichttechnischen Wider-
sprüche machen klar, daß das perspektivisch schlüssige
Neben- und Hintereinander der Gegenstände einem Trug
unterliegt. Die Figuren und der Tisch im Vordergrund
wurden bei künstlichem Licht aufgenommen; sie sind
viel zu offenkundig frontal angestrahlt, um der natürlich
belichteten ländlichen Tagsituation, in die sie hineinge-
stellt sind, entstammen zu können. Hier wurden offen-
sichtlich zwei unterschiedliche Bildsphären, zwei gegen-
sätzliche Lichtsituationen, zwei widersprüchliche Per-
spektiven ineindergemischt, hinter- und übereinander-
geschichtet.

Oder jenes Bild, auf dem der Betrachter entweder
zuerst eine schneebedeckte Wiese mit kahlen Obstbäu-
men oder aber ein mächtiges gläsernes Tonnengewölbe
entdeckt, das über die Bäume gestülpt zu sein scheint
und den Blick mit Macht in die Tiefe eines Innenraums
zieht. Kenner werden in dem Gewölbe mit den gewalti-
gen Gurtbögen vielleicht die Grande Galerie des Louvre
erkennen, doch das Rätsel des unerhörten Ineinanders
wird durch die partielle Erklärung nur noch vergrößert.
Das Gewirr der kahlen Äste vor den verschwimmenden
Riesenbildern der Galerie, die Schatten der Museums-
besucher auf dem leuchtenden Schnee der schwäbischen
Obstwiese – sie machen den inszenierten Widerspruch,
die beabsichtigte Gleichzeitigkeit und Gleichwertigkeit

des Ungleichzeitig-Ungleichwertigen in diesem Bild fast
handgreiflich deutlich.

Wie wurden diese Montagen erstellt? Wie kann man
das Verfahren benennen, nach dem die Motive ineinan-
derkopiert wurden? Es ist keine Überheblichkeit, wenn
Albrecht Ade für seine lichtbildnerischen Arbeiten eine
neue Gattungsbezeichnung vorschlägt. Mit den gängigen
Bezeichnungen und bildtechnischen Fachausdrücken
läßt sich die spezifische Methode der Bildgewinnung, die
er entwickelt hat, nicht präzise definieren. Darum setzt
er auf eine neue Wortbildung: Das Kunstwort »Photagen« kombiniert den Wortstamm Photo – also das alt-
griechische Wort *phos* = Licht – mit der substantivieren-
den französischen Endung *age*, die auf eine bearbeitende
Tätigkeit oder deren Produkt schließen lässt. Wir kennen
diese Endung von der Bildgattung Collage und von anderen im 20. Jahrhundert entwickelten und analog bezeich-
neten Bildtechniken wie der Décollage, der Frottage
oder der Grattage, die einen bestimmten handwerklichen
Arbeitsvorgang beziehungsweise dessen bildnerisches
Ergebnis bezeichnen.

Das Wort »Photage« sagt uns also, daß in diesen
Arbeiten mit Licht hantiert wurde; ja im Rückbezug auf
die Collagentechnik deutet es an, daß hier photographi-
sches Material nachbearbeitet, überformt wurde. Dem
primären kreativen Akt des Aufnehmens mit der Kamera
folgt also ein zweiter lichtbildnerischer Akt: die Nachbe-
arbeitung des Bildes, das phototechnische Kombinieren
zweier oder mehrerer Photographien zu einer neuen Bild-
einheit. Ade projiziert in der Dunkelkammer zwei oder
drei Farbdias so auf ein noch nicht belichtetes Groß-Dia,
daß im In- und Übereinander der farbigen Inhalte ein
neues autonomes Bild entsteht. Diese ausschließlich mit
lichttechnischen Mitteln erzeugten Kombinationsbilder
haben mit den aus der Kunstgeschichte des 20. Jahrhun-
derts bekannten »Photocollagen« oder »Photomontagen«
nichts gemein. Als in den zwanziger Jahren so unterschiedliche Künstlerpersönlichkeiten wie El Lissitzky,
John Heartfield, Laszlo Moholy-Nagy, Raoul Hausmann
oder Hannah Höch, auf die ausgeschnittenen und einge-

klebten Realitätszitate in den kubistischen »Papiers collés« von Braque und Picasso reagierend, aus photographischem Material futuristisch kühne, surreale oder zeitsatirische Bilder zusammensetzten, arbeiteten sie vorwiegend mit fremdem Material, mit Fundstücken. Sie schnitten aus Photographien, aus Werbeprospekten und illustrierten Zeitungen die Partien aus, die sie brauchen konnten, und klebten die heterogenen Schnipsel auf Papierbögen zu vielteiligen Gebilden zusammen, die ihre Wirkung ganz der Überraschung, der vitalen Kongruenz des Inkongruenten verdankten.

Ade verwendet bei seinen Kombinationsbildern dagegen ausschließlich eigenes Material und kann zudem bei seiner Methode des Montierens, des »Ineinanderschneidens« von Bildern ganz auf Schere und Klebstoff verzichten. Er kultiviert vielmehr den sonst eher unfreiwilligen Effekt der Doppelbelichtung, der in den wohl bald zu Ende gehenden Tagen des Rollfilms und der Analogphotographie an der Tagesordnung war. Er steuert den Zufall des bildlichen Über- und Durcheinanders, ja er komponiert eigene, bewußt angelegte Lichtbilder, die sehr wohl auch für sich bestehen könnten – manche von ihnen kommen in mehreren Kompositionen zum Einsatz –, in einem technisch aufwendigen Anpassungs- und Aussparungsverfahren kunstvoll in- und übereinander.

Wie präzise Albrecht Ade dabei zu Werke geht, läßt sich erahnen, wenn man seine früher veröffentlichten Photoarbeiten zum Vergleich heranzieht. Im Jahr 1984 hat er – damals Professor für Graphik-Design, Photographie und Animationsfilm an der Akademie der Bildenden Künste in Stuttgart – im Rahmen der Akademieveröffentlichungen zwanzig seiner Schwarzweiß-Photographien in einem schmalen Bildband paarweise einander gegenübergestellt. In einem kurzen Vorwort deutet er an, welche Vorstellungen ihn bei der Zusammenstellung geleitet haben. Die Photographien sind nach streng konzeptionellen Überlegungen aufeinander bezogen. Einige Bildpaare scheinen sich auf die gleiche Örtlichkeit zu beziehen, also einen ähnlichen Ausschnitt aus der Realität zu zeigen, doch an einigen entscheidenden Punkten differieren die Details in den Bildern so, daß man als Betrachter zu rätseln, ja wie ein Detektiv die visuellen Varianten zu untersuchen und zu deuten beginnt. Bei einem anderen Paar stellt ein ausgeprägtes formales Motiv – eine bildbeherrschende Diagonale – die Verbindung zwischen den inhaltlich ganz unterschiedlichen Szenerien, zwischen einer von oben gesehenen Gartenmauer und einem von oben gesehenen Fußweg her. Doch die Korrespondenz zwischen den beiden Buchseiten über den Falz hinweg kann auch nach rein inhaltlichen Kriterien funktionieren: Das Bildpaar mit dem Titel »Eingänge«, das zwei extrem unterschiedliche Haustüren in kühler, fast abstrahierender Sachlichkeit zeigt, wird gerade durch die vollkommene formale Unvereinbarkeit der beiden identischen Funktionseinheiten zum Erlebnis, zum Denkanstoß.

Ähnlich akribisch im Formalen und anspruchsvoll im Inhaltlichen geht Ade auch bei seinen farbigen Bildkompositionen, den Photagen zu Werke, die er in den letzten Jahren – seit dem Rückzug aus den Ämtern – geschaffen hat. Er nutzt dabei die Möglichkeiten einer hochentwickelten photographischen Technik, wie er sie seit den siebziger Jahren als freier Photograph für Werbeagenturen, Verlage und Industriefirmen, dann als Professor für Mediengestaltung an der Universität Wuppertal und schließlich als Lehrer an der Stuttgarter Kunstakademie entwickelt und erprobt hat. Daß er neben seiner Lehrtätigkeit als langjähriger Leiter des Stuttgarter Trickfilmfestivals die in Deutschland oft sträflich gering geschätzten filmischen Animationstechniken intensiv gefördert hat und seit 1990 als Gründungsdirektor der Filmakademie in Ludwigsburg den tricktechnischen Film- und Kamerakünsten breiteste Entwicklungsmöglichkeiten eingeräumt, ja dem Ludwigsburger Modell zu höchstem künstlerischem Ansehen in der Filmwelt verholfen hat, das läßt erahnen, wie kreativ und sinnreich in seinem Schaffen künstlerisch-bildnerische und tüftlerisch-technische Überlegungen und Faszinationen ineinandergreifen.

Das immer wiederkehrende Motiv des (Schau-) Fensters bietet einen schönen Einstieg in die photographische Welt Ades. An sich ist jedes irgendwann gemalte oder photographierte Bild ein Fenster in eine unbekannte Welt. Doch potenziert sich die Illusion des Ein- und Durchblickens, wenn, wie es in einigen Epochen der Kunstgeschichte mit besonderer Hingabe praktiziert worden ist, das geöffnete Fenster samt Rahmen selber zum Thema gemacht, also der Blick des Betrachters aus dem Raum vor dem Fenster in den Raum dahinter gelenkt und so im zweidimensionalen Medium Raumtiefe geschaffen, ja eine psychologisch wirksame Andeutung der dritten Dimension suggeriert wird. Ade hat diese Illusion der Mehrschichtigkeit in vielen Photographien von Fenstern, Schaufenstern, Autofenstern und den im Fensterglas sich spiegelnden Ereignissen aufgespürt. In einigen seiner Photagen projiziert er in diese schon mehrschichtig sich verrätselnden Einzelbilder je ein zweites Bild mit anderem Inhalt und anderer Tiefenperspektive hinein, legt also eine zusätzliche Schicht illusionär über, unter oder zwischen die schon vorhandenen inhaltlichen Schichten und gibt so dem Ganzen eine scheinbar gestaffelte Tiefe, die, obwohl das so komponierte Dia und sein gedrucktes Abbild nur über zwei Dimensionen verfügen, fast physisch greifbar zu werden scheint. Jedenfalls bekommt in diesen Photagen die Tiefenillusion partienweise fast die Qualitäten eines Hologramms oder einer 3-D-Projektion. Die durch eine Glasscheibe plan von vorn erfaßten drei weiblichen Schaufensterpuppen zum Beispiel geistern als irrational im Raum schwebende Schemen durch eine ganze Reihe von Bildkompositionen.

Doch nicht nur mit ausdrücklichen Fensterein- und -durchblicken schafft Ade in seinen Photagen Tiefe, auch alle anderen verwendeten Photographien werden selber zu einer Art Fenster, wenn auf sie, wie auf eine Glasoberfläche, ein zweites Bild mit anderer Brennweite projiziert wird. Sie bekommen, im doppelten Sinne, eine neue Hintergründigkeit, sie saugen sich mit Tiefenraum und neuen inhaltlichen Dimensionen voll, reichern sich an mit scheinbar widersprüchlichem Stoff, werden zu etwas Komplex-Neuem, das die konstituierenden Bestandteile fast vollkommen vergessen läßt, das nach einer eigenen Deutung und einem die Assoziationen lenkenden Titel

verlangt. Man könnte Ades kombinierendes Verfahren also als die Eroberung der dritten Dimension mit phototechnischen Mitteln bezeichnen, ja wenn man das in die ursprünglich inhaltlich klaren Photographien hineinbelichtete Geheimnis, wenn man die kunstvoll erzeugte Sur-Realität, die sprechende Poesie der Doppelbilder zum Maßstab macht, dann könnte man sogar von einer vierten Dimension sprechen, die Ade mit seinen Photagen zu erzeugen versteht.

In welche Richtung die Phantasie des Betrachters dabei gelenkt werden soll, davon geben die literarisch prägnanten Titel der Einzelbilder, die den Inhalt poetisch verschleiern, nur eine Ahnung. Mit der Zuordnung der Bilder zu unterschiedlich großen Einzelgruppen und mit den Überschriften, die er den so geschaffenen Bildkapiteln gab, hat Ade aber andeutungsweise Einblick gegeben in sein photopoetisches Verfahren, in sein Erzählen mit Licht. Fast immer wird in poetischen Worten eine andere Befindlichkeit, ein fremder Zustand, ein ferner Ort beschworen: »Die Stadt hinter dem Strom«, »Szenen aus einem niemals gedrehten Film«, »Reisewege ins Abseits«, »Besuch aus anderen Welten«, »Der schöne Schein der Vergänglichkeit«, »Bessere Aussichten«. Die Realität wird also erweitert, vergrößert, verschleiert, überblendet, verdoppelt, kontrapunktiert. Das kann durch formal oder thematisch ähnliche Motive geschehen wie bei der steilen, leeren Weinbergstaffel aus dem Schwäbischen, über die sich eine ähnlich streng frontale Ansicht einer bevölkerten Treppe mit Mittelgeländer vom Pariser Montmartre als Irritation legt. Die beiden Treppen-Individuen verlieren in der Photage ihre Eigenbestimmtheit, sie fließen zu einem ungewiß ortlosen Gebilde zusammen, das aus dem Nichts ins Unendliche hinauf- oder aus dem Unbestimmten ins Bedrohliche hinabzuführen scheint: eine Stiege hinauf zum Himmel – oder hinab zur »Hadespforte«, wie der Titel meint?

Bei anderen Bildern könnten die Gegensätze kaum größer sein. Die Nahansicht einer Steinfigur von Bernini, im Hochformat aufgenommen, aber, um 90 Grad gekippt, als Querformat über die ragende Kulisse New Yorker

Hochhäuser oder über die baumbestandene Landschaft an der Mündung des Potomac gelegt, wird zum schwebenden Schemen, zu einem hartnäckig präsenten Gegenüber, das nicht nur angenehm ästhetische Formen spendiert, sondern durchaus auch als Verkörperung eines bösen Wesens, eines Sukkubus empfunden werden könnte.

Immer wieder hat Ade Pflanzenmotive, die teppichhaft flache Strukturen zeigen, oder Landschaftsansichten, die scheinbar dem Zufall gehorchen, mit der strengen Geometrie architektonischer Motive konfrontiert und so dem Zerfließenden, Wuchernden einen formalen Halt gegeben – oder umgekehrt: die harten Konturen von Gebautem organisch aufgeweicht, für lyrische Empfindungen transluzent gemacht. In der »Lautlosen Eroberung« ergreifen die Pflanzen aus Ades Garten systematisch Besitz von einer dazuprojizierten, steil von unten photographierten, also im Bild quasi flachliegenden südlichen Häuserfassade: Gartenbeete und Bauten werden so zur naturhaften Einheit, die Hauswand wird begehbar; die liegenden Fenster scheinen wie Schächte hinabzuführen ins Erdreich.

Als Gruppe prägen sich auch jene Photagen ein, in denen Ade fast archaisch wirkende Figurengruppen aus fernen Ländern – etwa junge Mütter, die bettelnd am Straßenrand sitzen und mit ihrem Kind zum Denkmal zu verschmelzen scheinen – mit recht Gegensätzlichem, etwa Bildern aus der Konsumwelt, kontrastiert. Eine dieser Photagen trägt den Titel »Nachtasyl« und konfrontiert eine aus anderen Bildern bekannte sitzende Mutterfigur samt exotischer Umgebung mit einem kahlen Baum, der im dramatischen Gegenlicht an Caspar David Friedrichs Romantik-Ikone »Wanderer, den Mond betrachtend« erinnert. Die so entstehende Traumvision kann man nur im Wortsinne als vielschichtig bezeichnen.

Bei einigen Photagen hat Ade Partien der verwendeten Bilder weggeblendet, also nur bestimmte Ausschnitte miteinander verknüpft, was dem Collageprinzip dann schon wieder recht nahekommt. Beim Projizieren in der Dunkelkammer werden jene Teile, die nicht aufscheinen sollen, abgedeckt. Das stimmungsmächtige Eröffnungsbild dieses Buches ist auf diese Weise entstanden. In seinem unteren Drittel ist die breite Freitreppe vor der Orangerie in Fulda zu sehen; das barocke Orangeriegebäude selber, der Zielpunkt der Anlage, muß dem wogenden Lichtspektakel eines Sonnenuntergangs Platz machen, was einen magisch-theatralischen Effekt ergibt: Die Treppe wird zur Bühne für den Auftritt der Lichterscheinung; das Naturereignis bekommt das Pathos einer großen Aufführung.

In den letzten Arbeiten, die in diesem Buch Aufnahme gefunden haben, hat Ade angedeutet, in welche Richtung er seine lichtbildnerische Methode weiterentwickeln wird. Da bleiben plötzlich die Ränder der Bilder oder ganze Partien unbelichtet. Die aufs Papier projizierten Erscheinungen sind also nicht mehr fest umgrenzt, sie schweben im leeren Raum, bekommen eine musikalische Leichtigkeit, etwas Skizzenhaft-Unbeschwertes. Der malerische Effekt, der sich in den früheren Bildern aus den Überblendungen ergab, wird hier also bewußt gesteigert und sublimiert, ja wo die übereinanderprojizierten Dias die gewünschten Farben schuldig bleiben, greift Ade in Einzelfällen sogar behutsam korrigierend mit dem Farbpinsel ein. Er koloriert also, wenn nötig, seine Farbphotographien oder kopiert die Aufnahmen eigener Aquarelle in die photographierten Realitäten – und macht damit endgültig klar, daß er, der ein Leben lang hochartifiziell mit Phototechniken experimentiert hat, mit der selbstgeschaffenen Kunstform »Photagen« nicht erprobte photographische Effekte übersteigern und multiplizieren, sondern etwas der Malerei Entsprechendes schaffen will.

Lichtbildnerei als eine Gestaltungsmethode der bildenden Künste – wovon die Pioniere der Photographie im 19. Jahrhundert geträumt haben –, das wird in Ades Photagen Wirklichkeit.

Gottfried Knapp
*On the way into the fourth dimension: Albrecht Ade's
photages*

A long white table is set up across the foreground. At
the right- and left-hand ends two young, masked figures
are sitting opposite each other in theatrically striking
poses. A rural scene can be made out behind them: a
field path leads into the background along the wall of a
stable-like building. One could conclude that the young
people have put the table in the open air by the side of
the path so that they could act something out against a
rural backdrop for an unseen audience, but the strange
atmospheric indistinctness of the pictorial content and
the technical contradictions in terms of light make it
clear that although perspective suggests conclusively
that things are next to and behind each other, this is in
fact a delusion. The figures and the table in the foreground were obviously shot in artificial light; they are
far too clearly lit frontally for it to be possible from them
to come from the naturally lit rural daytime situation they
have been placed in. Here two different pictorial spheres,
two contrasting light situations, two contradictory per-
spectives have been mixed together, layered behind and
on top of each other.

Or that picture in which viewers either first discover
a snow-covered meadow with bare fruit-trees or a massive glass tunnel vault that seems to have been crammed
on top of the trees, drawing the eye powerfully into the
depths of an interior. Experts will perhaps recognize the
vaulting with its enormous reinforcing arches as the
Grande Galerie of the Louvre, but the riddle of this
incredible mingling is only increased by such a partial
explanation. The tangle of bare branches in front of the
blurring, giant pictures in the gallery, the shadows of the
museum visitors on the gleaming snow of the Swabian
orchard – these make the staged contradiction, the intended simultaneity and equal value of something that is
neither simultaneous nor of equal value almost tangibly
clear.

How were these montages contrived? What can
we call the process uses to copy these motifs into each
other? Albrecht Ade is not arrogant to propose a new
genre to categorize his photographic work. It is not possible to define the specific picture-making motif that
he has developed precisely using the usual terms and
pictorial technical terms. So he has come up with a new
coinage: the artificial word »photages« combines the
stem photo – in other words the ancient Greek word
phos = light – with the nominalizing French ending *age*,
suggesting a processing technique or its product. We are
familiar with this ending from the picture genre collage,
and other pictorial techniques developed in the 20th century and described analogously like décollage, frottage
or grattage, all defining a particular craft technique of its
creative result.

So the word »photage« tells us that light has been
used in these works; indeed, by referring back to collage
technique it suggest that photographic material has been
manipulated or reshaped. The primary creative act of
taking a photograph with a camera is followed by a second photographic act: the manipulation of the image, the
photo-technical combination of two photographs to form
a new pictorial unit. In his darkroom, Ade projects two
or three colour transparencies on to an unexposed trans-
parency in such a way that the mingled and superim-
posed colour content emerges as a new, autonomous
image These combination images, produced exclusively
with light techniques, have nothing in common with the
»photocollages« or »photomontages« familiar from
20th century art history. When artists as different as El
Lissitzky, John Heartfield, Laszlo Moholy-Nagy, Raoul
Hausmann or Hannah Höch constructed futuristically
bold, surreal or satirical images from photographic ma-
terials as a response to quotations from reality cut out
and then stuck into Cubist »papiers collés« by Goerges
Braque and Pablo Picasso, they worked mainly with
someone else's material, with trouvailles. They cut the
parts they could make use of out of photographs, advertising brochures and illustrated magazines, and stuck

the heterogenous cuttings together on sheets of papers
to make multipartite structures that owed their effect to
entirely to surprise, to the vital congruency of the incon-
gruent.

In contrast, Ade uses only his own material for his
combination images, and his method for mounting images, for »editing them into each other«, does not need
scissors and paste either. He cultivates the usually invol-
untary effect of double exposure, a hazard from the days
of the spool of film and analogue photography, which are
now probably coming to an end. He controls the chances
of pictorial superimposition and confusion; indeed he
composes consciously arranged specific images, each of
which could also be a work in its own right – some of
them are to be found in several compositions –, among
and on top of each other, using a technically elaborate
matching and omission process.

It is possible to imagine how precisely Albrecht Ade
goes about his work if one compares his earlier published
photographic work. In 1984 – at the time he was professor of graphic design, photography and film animation
at the Akademie der Bildenden Künste in Stuttgart – he
juxtaposed twenty of his black-and-white photographs
in pairs in a slim picture volume as part of the Academy
publication programme. In a short foreword he indicates
what the ideas behind the compilation were. The photographs relate to each other according to strict conceptual
considerations. Some pairs of pictures seem to relate to
the same location, in other words to show a similar ex-
cerpt from reality, but the details in the pictures differ to
such an extent at some crucial points that as a viewer you
start to be puzzled, and work like a detective on examin-
ing and interpreting the visual variants. In another pair a
markedly formal motif – a diagonal dominating the picture – forms the link between two scenes that are in fact
quite different in content, between a garden wall seen
from above and a path seen from above. But the corre-
spondence between the two pages of the book across the
fold can also function purely in terms of content: the pair
of images called »Entrances«, showing two extremely

different front doors in cool, almost abstract neutrality,
stimulates thought precisely because of the complete formal incompatibility of the two identical function units.

Ade goes to work similarly meticulously in terms of
form and demandingly in terms of content in his coloured
picture compositions, the photages, which he has created
in recent years – since his retirement from official posts.
Here he exploits the possibilities of a highly developed
photographic technique he developed and tried out from
the seventies as a free-lance photographer for advertising
agencies, publishers and industrial companies, then as
professor of media design at Wuppertal University and
finally as a professor at the Akademie der Bildenden
Künste in Stuttgart. Ade, as well as teaching at the Stuttgart art academy, has intensively promoted cinematic animation techniques in his years as director of the Stuttgart
Festival of Animated Film, and since 1990, as founder-
director of the Filmakademie in Ludwigsburg, has allowed
animated film and camera arts to develop in the greatest
possible breadth, in fact has helped to win the Ludwigsburg model the highest artistic respect in the film world.
This all suggests how inventively and ingeniously his creative output mingles artistically creative and elaborately
technical ideas and fascinations.

The constantly recurring motif of the (display)
window is an attractive way into Ade's photographic
world. As such, any image that has been painted or photographed at some time is a window on an unknown
world. And yet the illusion of looking into or through
something is raised to an even higher power when, as
was practised with particular commitment in some
epochs of art history, the open window and its frame
becomes a subject in its own right, in other words the
viewer's eye is drawn out of the space in front of the
window into the space behind it, and thus spatial depth
is created in a two-dimensional medium, indeed a psy-
chologically effective indication of the third dimension
is suggested. Ade has tracked down this illusion of mul-
tiple layers in many photographs of windows, display
windows, car windows and of the events reflected in the

window glass. In some of his photages he projects a second image with different content and different perspective into each of these individual images, which are already puzzlingly multi-layered, thus overlaying an additional illusionary layer under or between the layers of content that are already in existence, so giving the whole an apparently staggered depth that seems to become almost physically tangible, even though the slide composed in this way and its printed copy are working in two dimensions only. In any case, the illusion of depth in these photages almost acquires the qualities of a hologram or a 3D projection in places. The three female mannequins for example, captured through a plane of glass flat-on from the front, wander like ghostly, shadowy figures floating irrationally in the space through a whole series of pictorial compositions.

But Ade does not only use views expressly into and through windows to create depth in his photages, all the other photographs used become a kind of window in their own right, if an image with a different focal length is projected on to them as if on to a glass surface. They acquire both a new background quality and a new cryptic quality, they drink their fill of depth and new content dimensions, enrich themselves with apparently contradictory material, become something complex and new that makes us forget the constituting components almost completely, demanded its own interpretation and a title that will direct the associations. So one could call Ade's process of combination a conquering of the third dimension by means of photographic technique, indeed if one takes as a measure the mystery that has been exposed into the photographs, originally entirely clear in their content, along with the artfully created sur-reality, the eloquent poetry of the double images, then one could even speak of a fourth dimension that Ade is able to create with his photages.

The literary succinctness of the individual image titles, which throw a poetic veil over the content, only give a suggestion of the direction in which the viewer's attention is supposed to be directed. But Ade has suggested an insight into his photo-poetic process, into his story-telling with light, by allocating the images to individual groups of different sizes and with the titles he gave to the pictorial chapters created in this way. The poetic words used almost always conjure up a different state of mind, a strange condition, a distant place: »The town beyond the river«, »Scenes from a film that was never shot«, »Travelling off the beaten track«, »Visitors from other worlds«, »The appealing semblance of transitoriness«, »Better views«. So reality is extended, enlarged, veiled, faded out, doubled, counterpointed. That can be done by using formally or thematically similar motifs, as in the case of the steep, empty terraced Swabian vineyard overlaid with a similarly austere frontal view of busy steps with a central handrail from Montmartre in Paris to disturb the effect. The two individual sets of steps lose their own definition in the photage, blending into an uncertainly place-less structure that seems to lead up out of nothing into infinity or down out of the uncertain into the threatening: a stairway to heaven – or down to the »Gate of Hades«, as the title suggests?

The contrast could hardly be greater in other pictures. A close-up of a stone figure by Bernini, shot in portrait format but tilted through 90 degrees as a landscape format over the towering backdrop of New York skyscrapers or over the tree-covered landscape at the mouth of the Potomac, becomes a shadowy floating presence, a stubbornly present opposite number that does not just contribute pleasingly aesthetic forms but could definitely be seen as the embodiment of an evil being, a succubus.

Ade has repeatedly confronted plant motifs showing carpet-like flat structures, or apparently randomly driven views of landscapes with the austere geometry of architectural motifs and thus given a formal hold to things that flow apart and proliferate – or conversely: softened hard, built contours organically, made them translucent to lyrical sensations. In »Silent conquest« the plants from Ade's garden systematically take over southern house façades that have been projected into the picture, photographed steeply from below, in other words lying almost flat in the image: so garden beds and buildings become a natural unit, it is possible to walk on the house wall; the windows lie as if they lead down into the ground like shafts.

Another striking group of photages are those in which Ade contrasts almost ancient-looking groups of figures from distant countries – for example young mothers sitting begging by the roadside and seeming to fuse with their child to form a memorial – with something quite opposite, like images from the consumer world. One of these photographs is called »Night refuge« and confronts a seated mother-figure familiar from other pictures and her exotic surroundings with a bare tree, reminiscent in the dramatic back-lighting of Caspar David Friedrich's Romantic icon »Wanderer, den Mond betrachtend« (Wanderer observing the moon). The dream vision this creates can only be described as complex in its multi-layered quality.

In some of the photages Ade has removed parts of the images used, in other words linked only certain details with each other, which comes very close to the collage principle. When projecting in the darkroom, the sections that are not intended to appear are covered up. The powerfully atmospheric image that opens this book was created in this way. The lower third shows the wide steps in front of the orangery in Fulda; the Baroque orangery itself, the destination within the complex, has to make room for the surging light-spectacle of a sunset resulting in a magic-theatrical effect: the steps become the stage for the light-phenomenon's appearance; the natural event takes on the emotional force of a great performance.

In the last works featured in this book, Ade has indicated the direction his photographic method is likely to take. Suddenly the edges of the picture, or large areas of it, remain unexposed. So the phenomena projected on to the paper are no longer firmly demarcated, but floating in empty space, acquiring a musical lightness, a sketchy and carefree quality. So the painterly effect made by the dissolves in the earlier images is deliberately enhanced and sublimated here, in fact when the slides projected on

top of each other do not come up with the desired colours, Ade even intervenes carefully to correct this with his paintbrush in individual cases. So when necessary he colours his colour photographs or copies photographs of his own water-colours into the photographed reality – thus finally making it clear that he, who has experimented highly artificially with photographic techniques for a lifetime, does not want to outdo and multiply tried and tested photographic effects with the »photages« he has invented, but intends to create something that corresponds with painting.

Photography as a creative method for fine art – something the 19th-century pioneers of photography dreamed of – becomes reality in Ade's photages.

1

Wir steigen die Treppe hinauf und betreten die Halle
We go upstairs and enter the hall

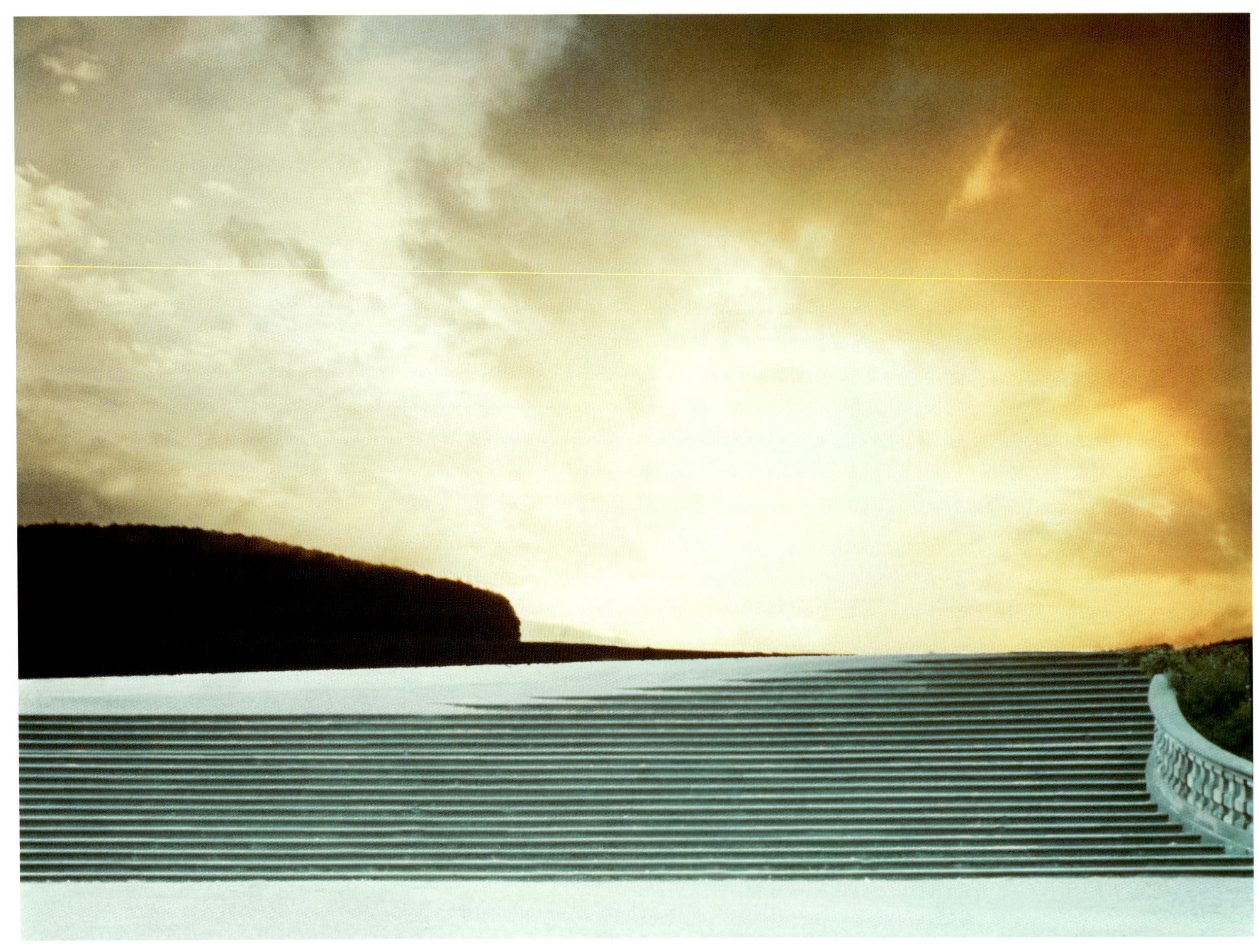

Große unbekannte Treppe / Great unknown staircase

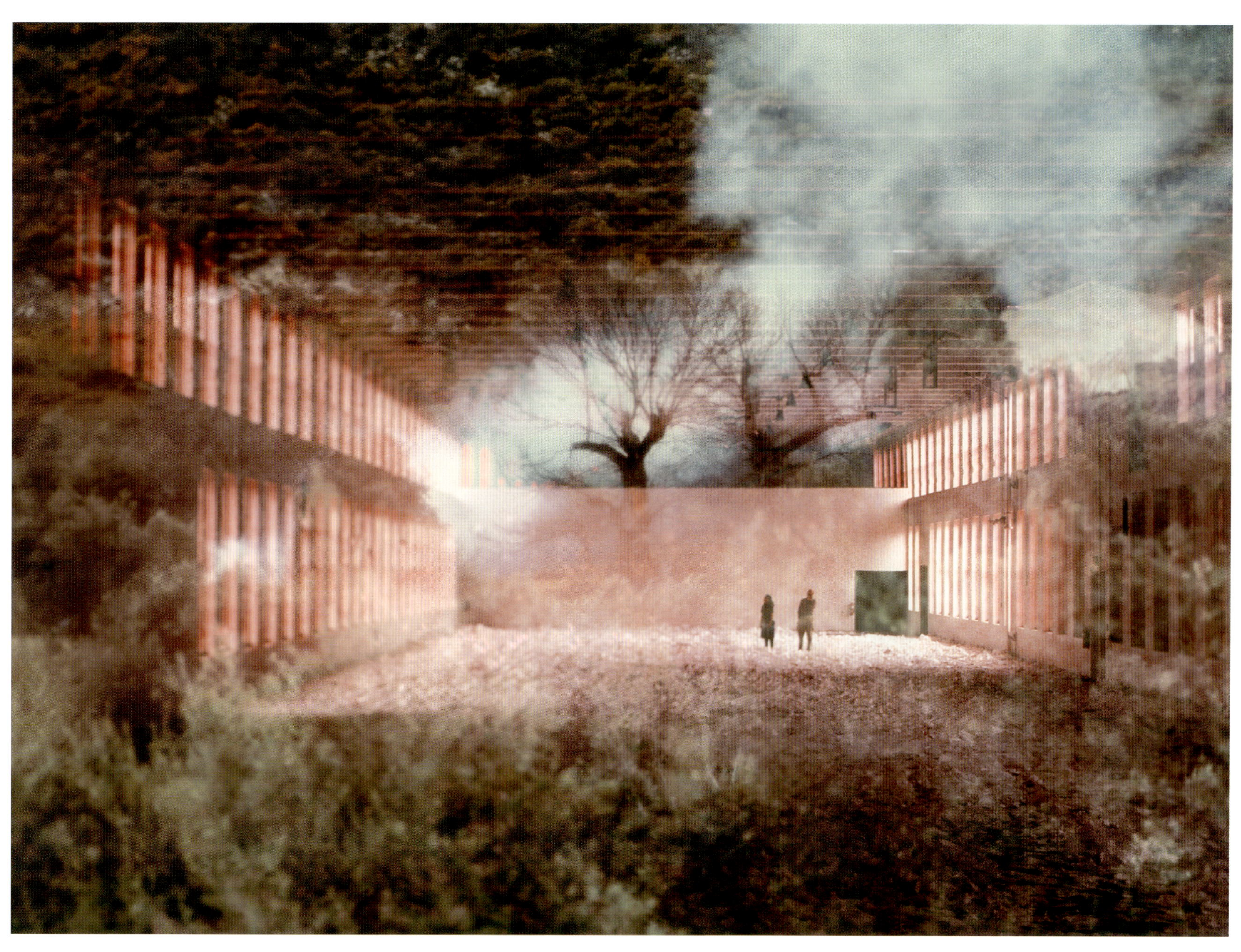

Brandopfer / Fire victim

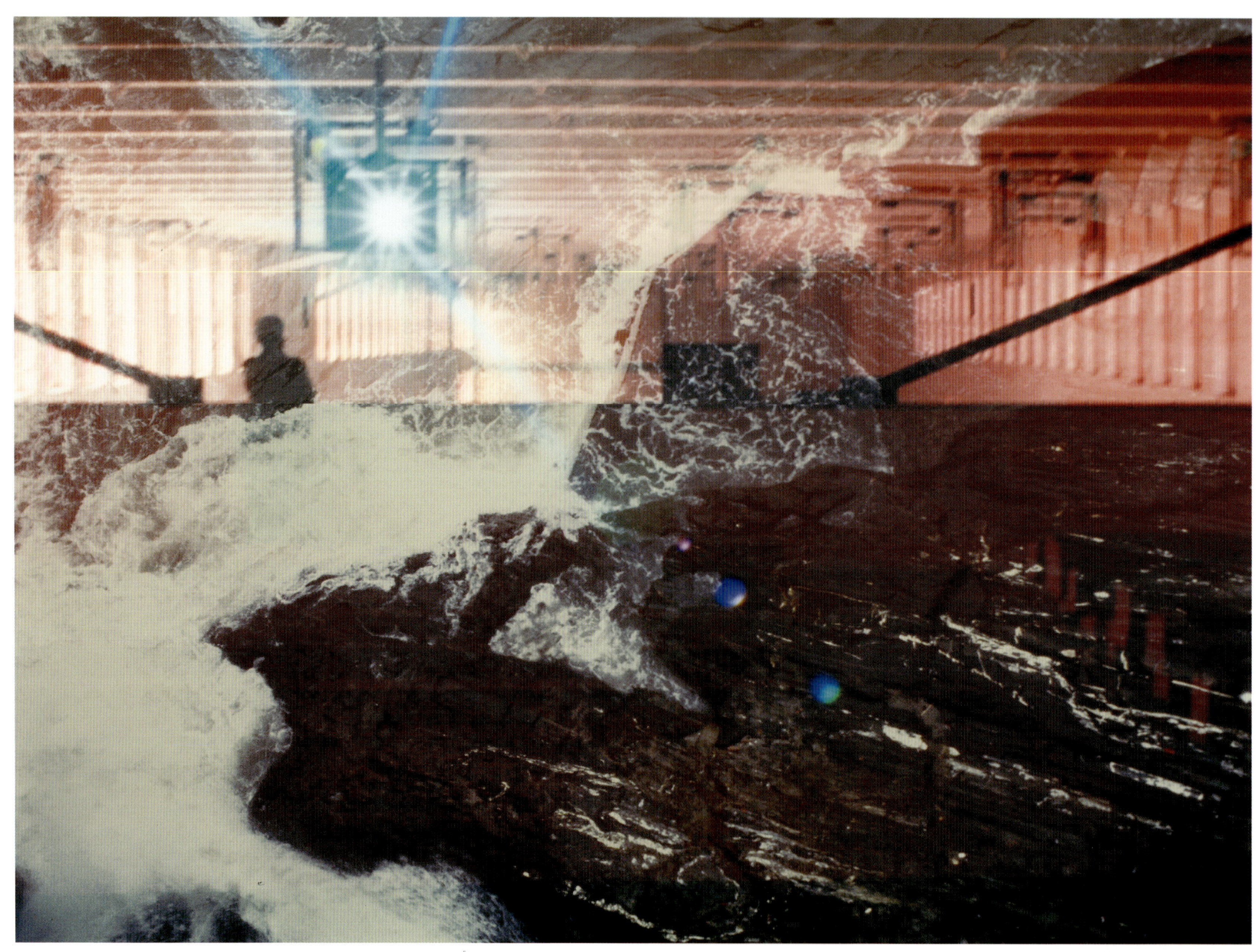

Die Woge in Adams / The wave in Adams

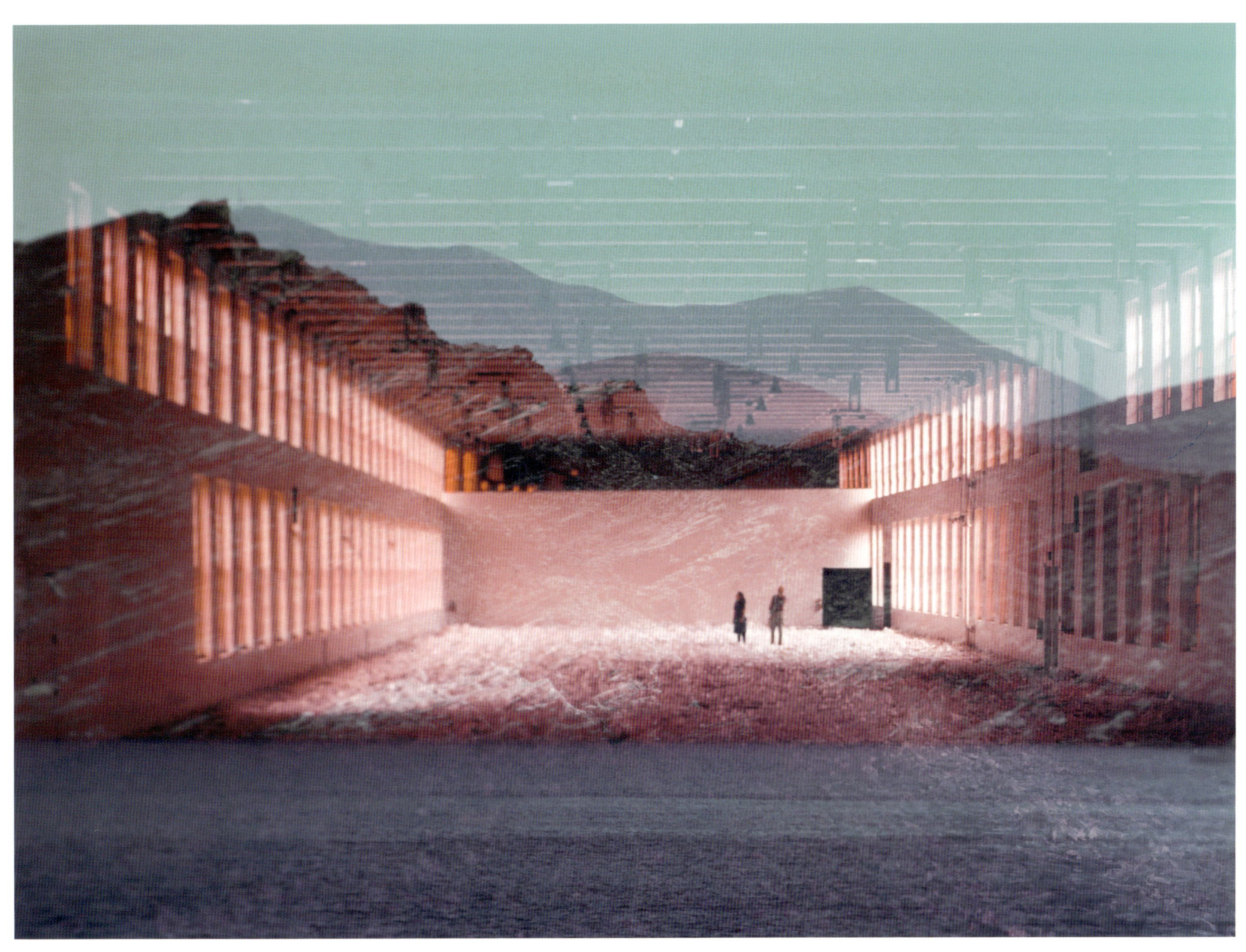

Probe für Klytämnestra / Trial for Clytemnestra

2

Die Stadt hinter dem Strom
The town beyond the river

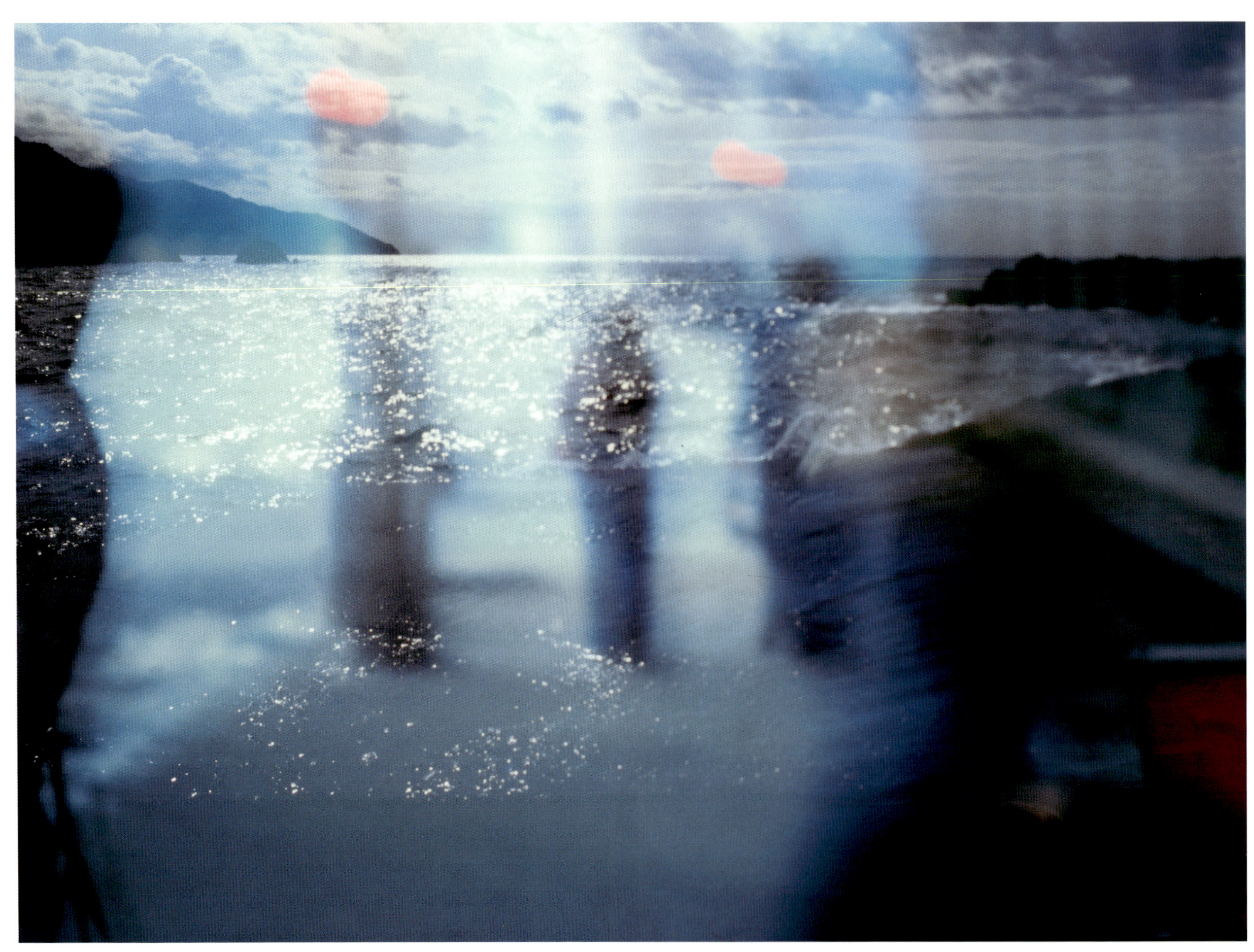

Am Styx / By the Styx

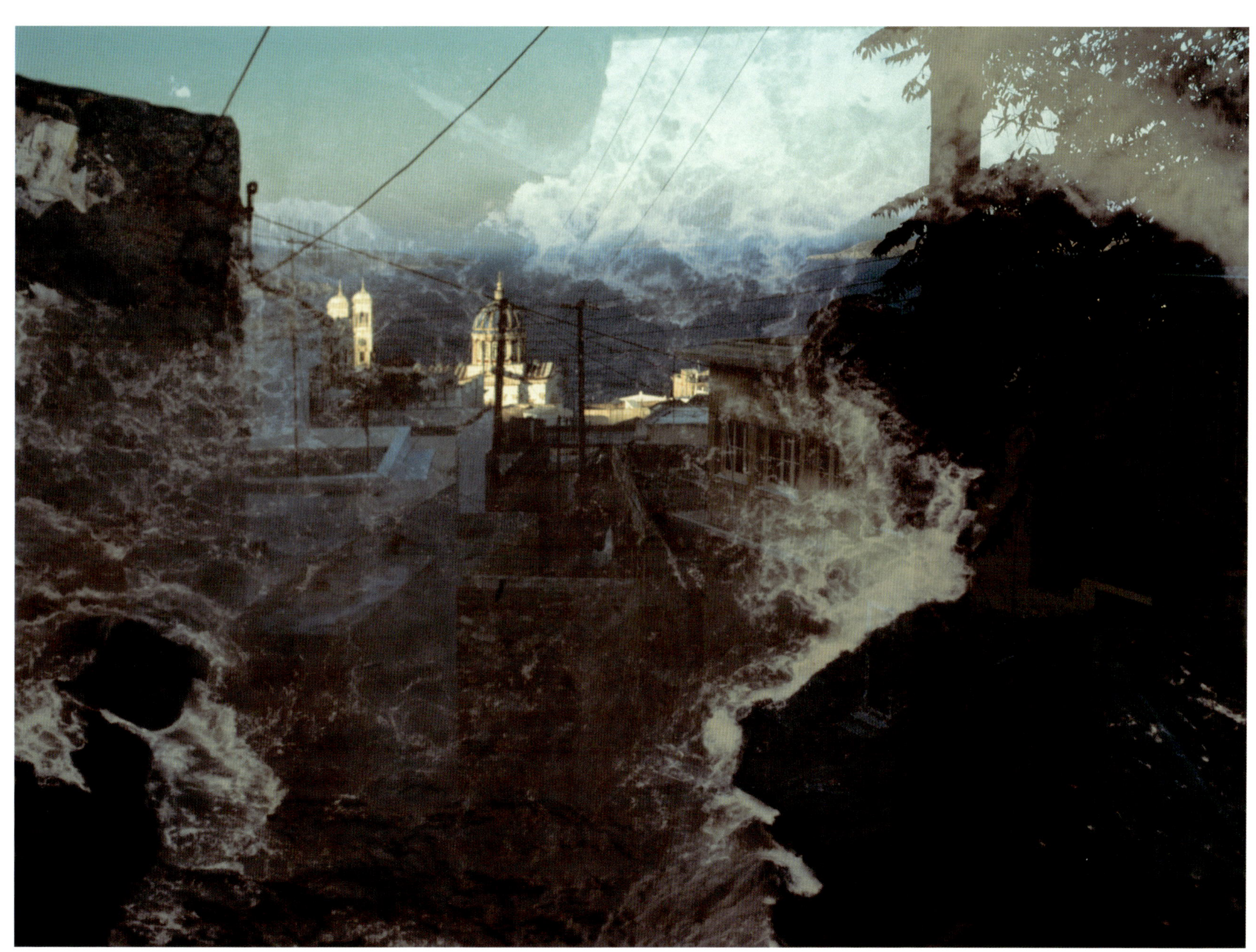

Flut in Kappadozien / Flood in Cappadocia

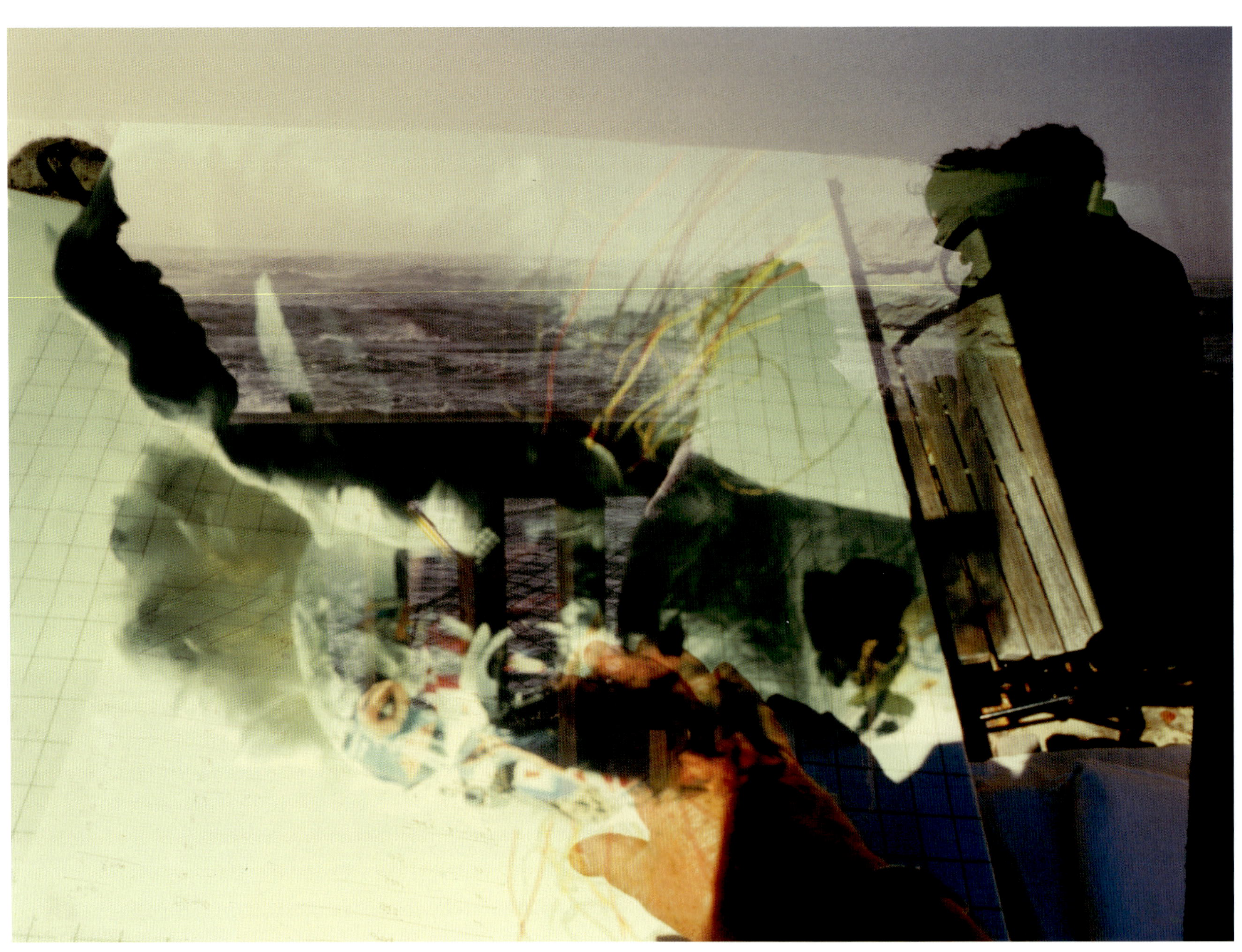

Warten in Ostia / Waiting in Ostia

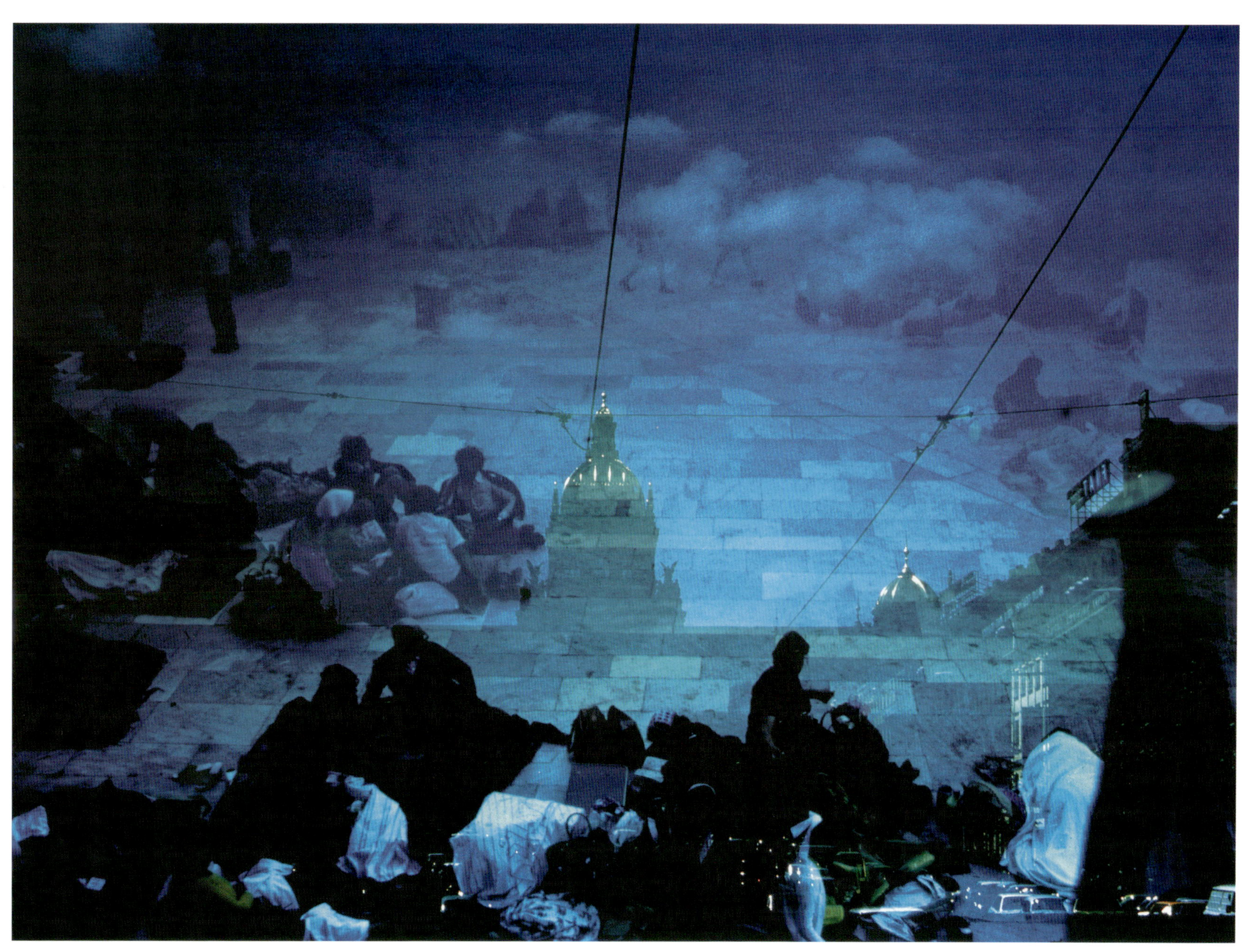

Eingeschlossen / Locked in

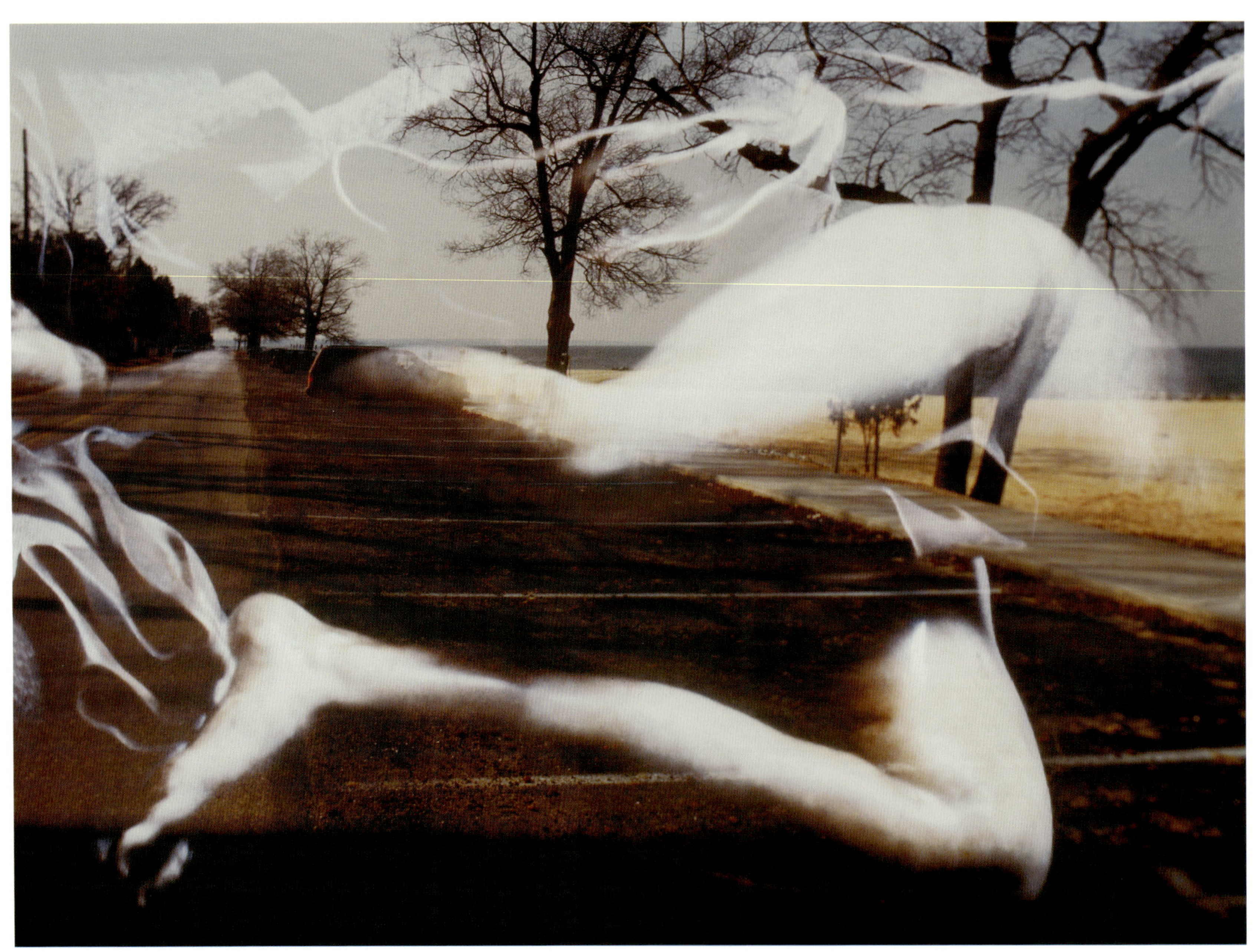

Engelsallee / Angels' alley

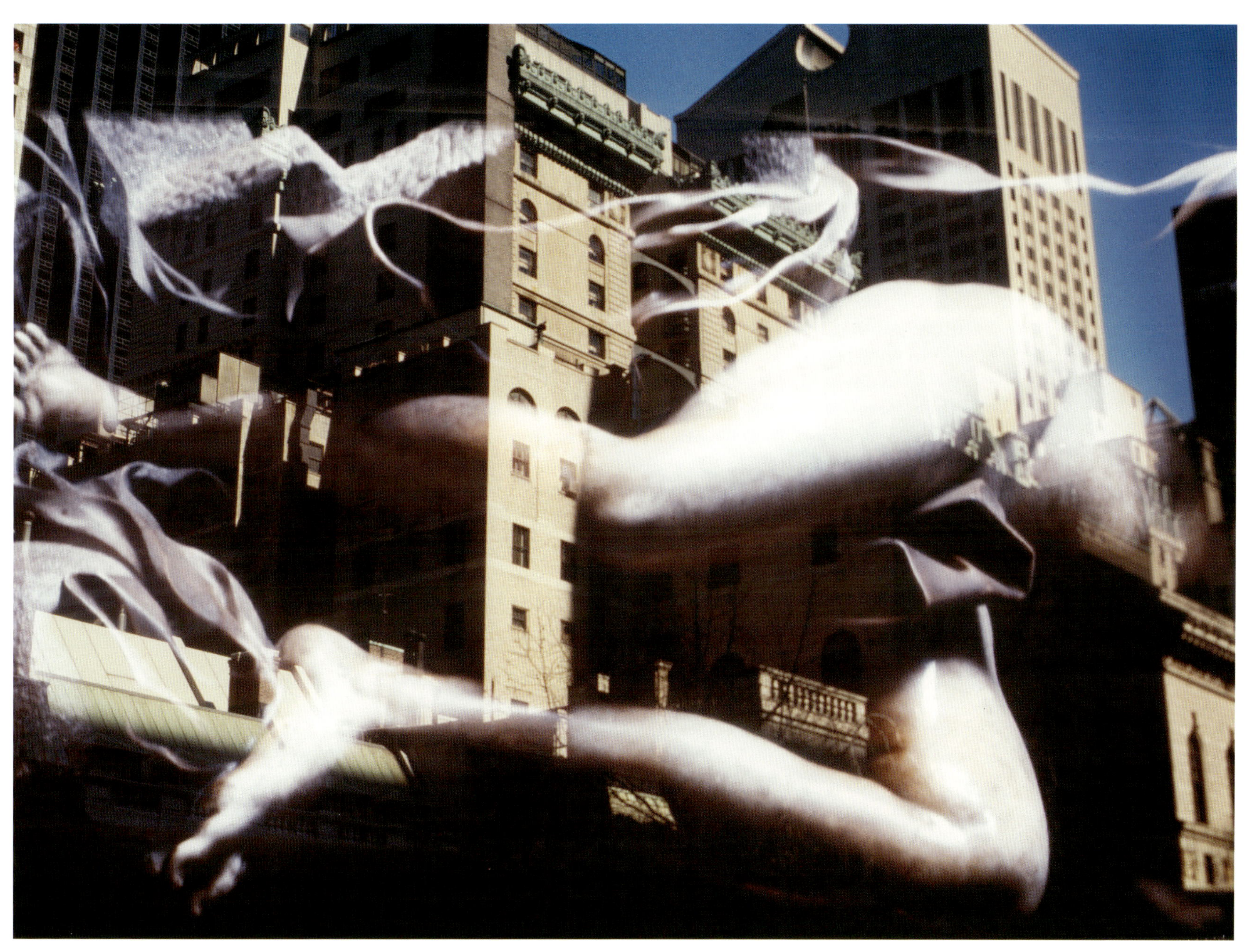

Arimans Rückkehr / Ariman's return

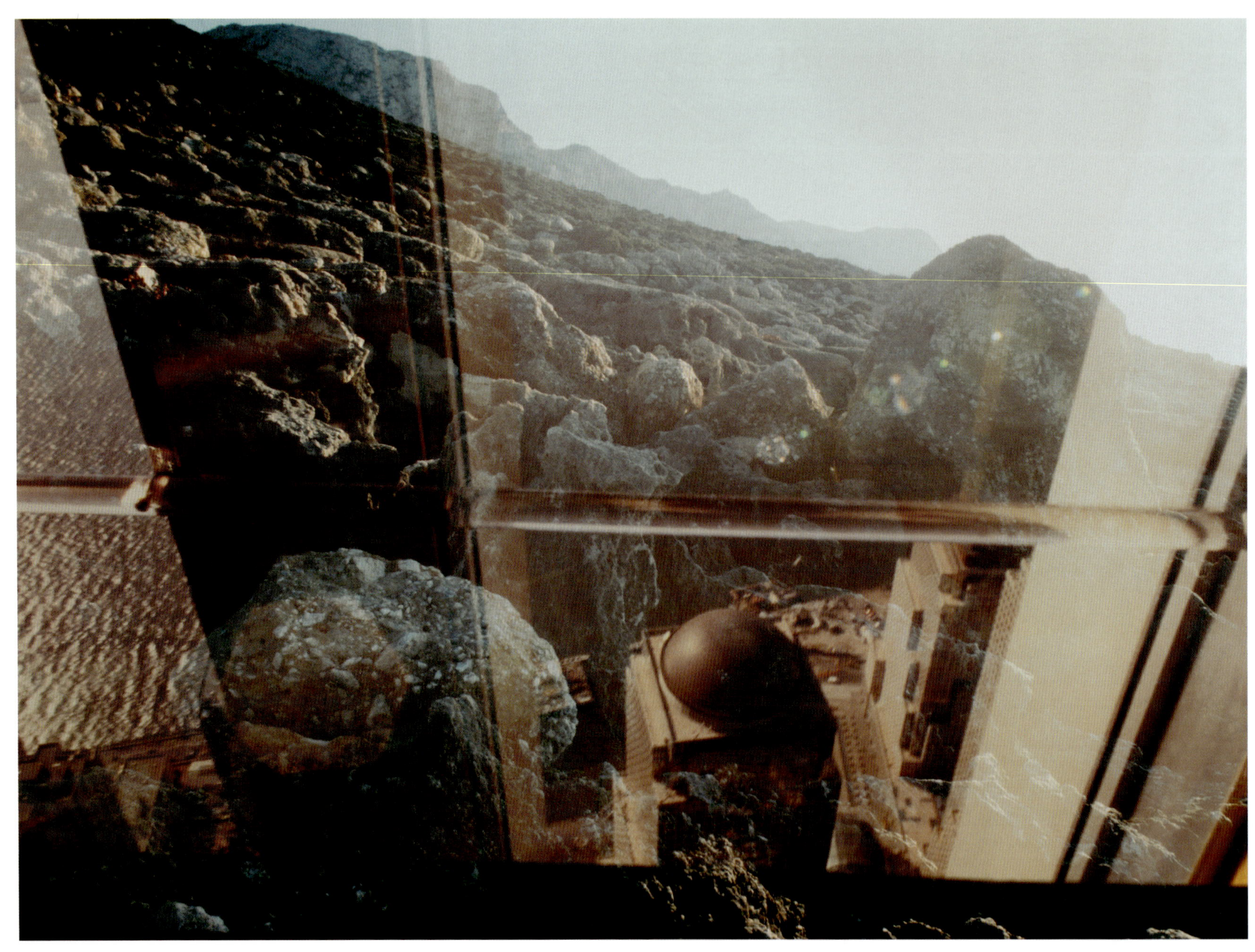

Berg der Mythen / Mountain of myths

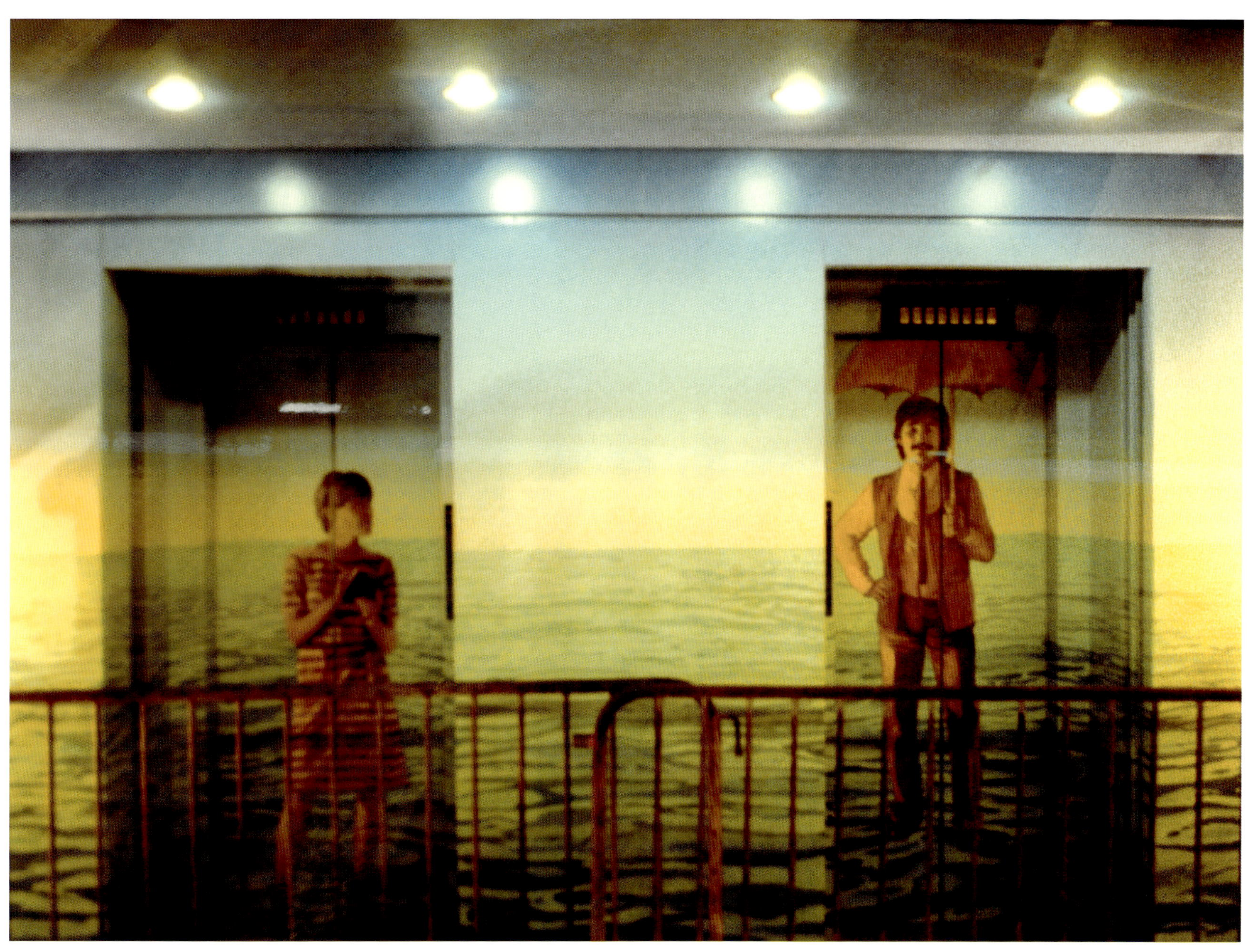

Strandliebe / Beach love

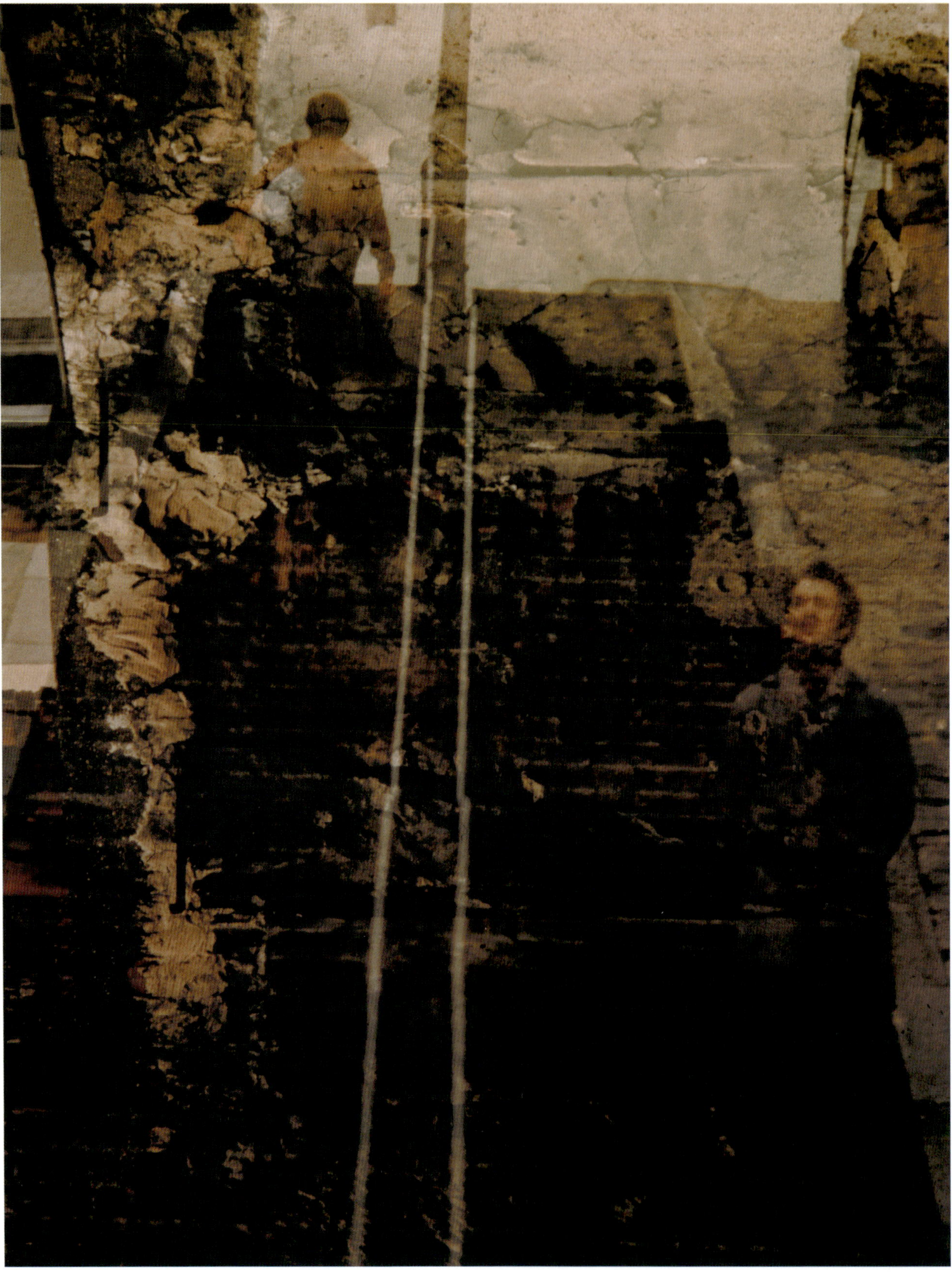

Vor der Hadespforte / In front of the Gate of Hades

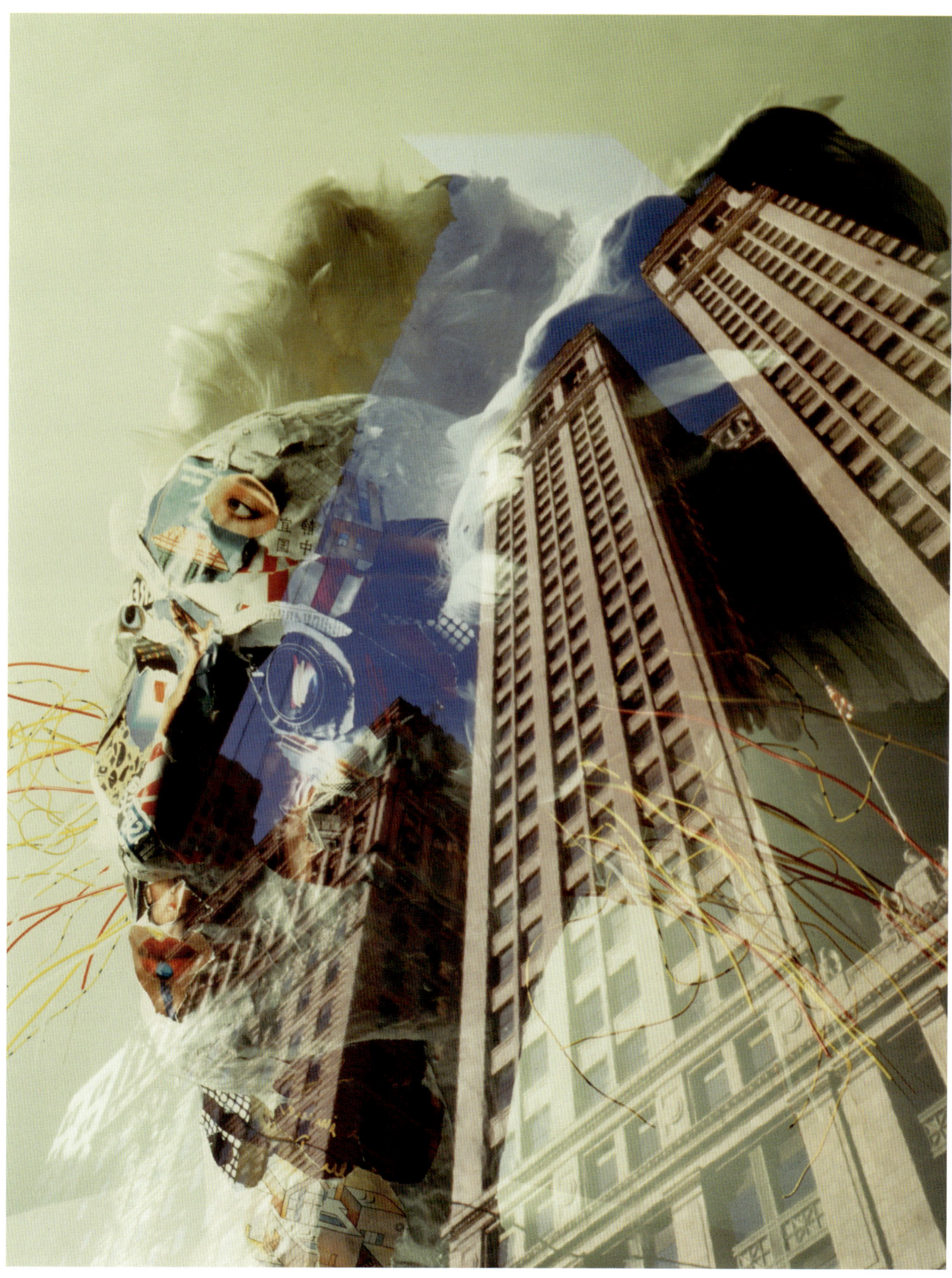

Nicht kompatibel / Not compatible

3

Szenen eines niemals gedrehten Films
Scenes from a film that was never shot

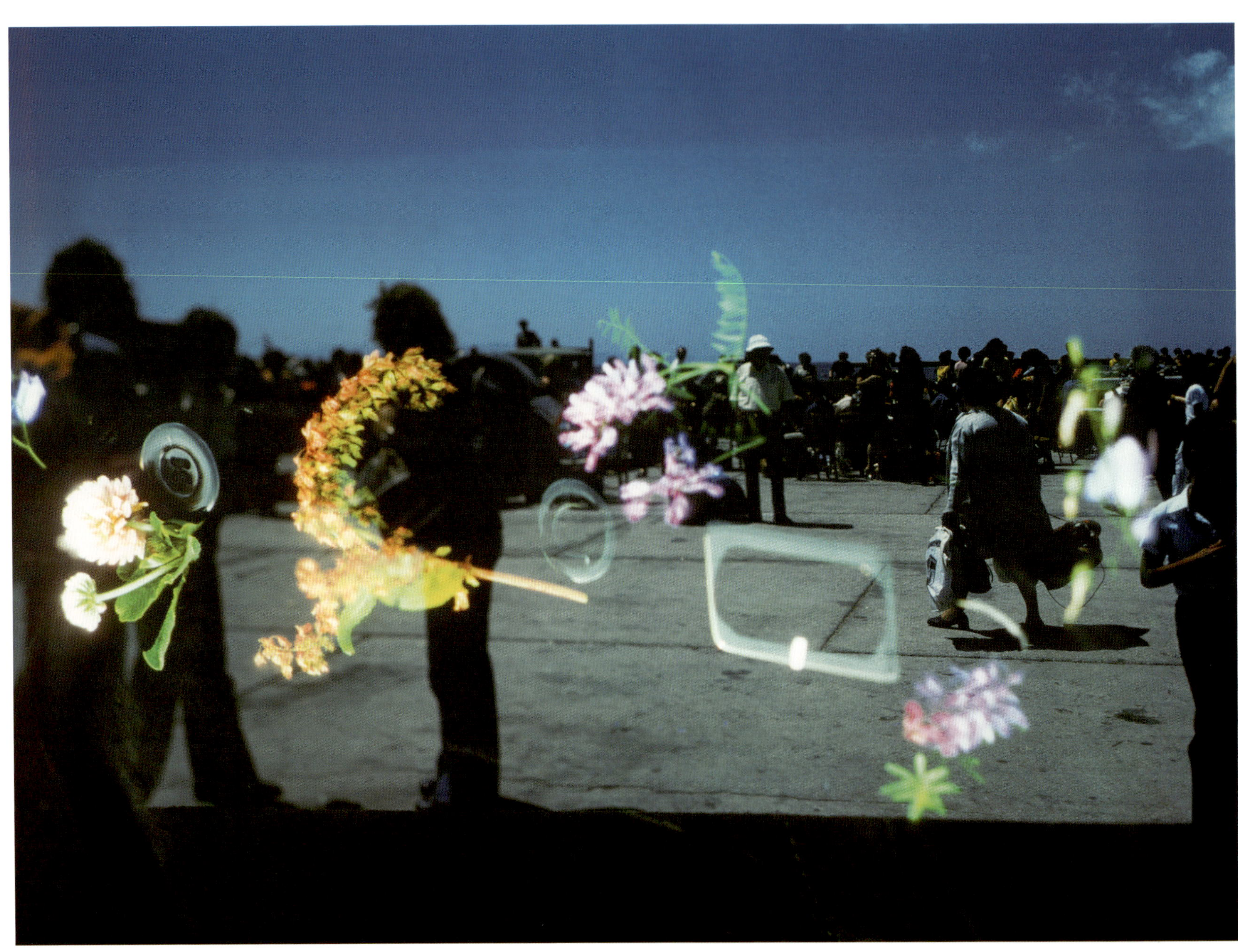

Funeral

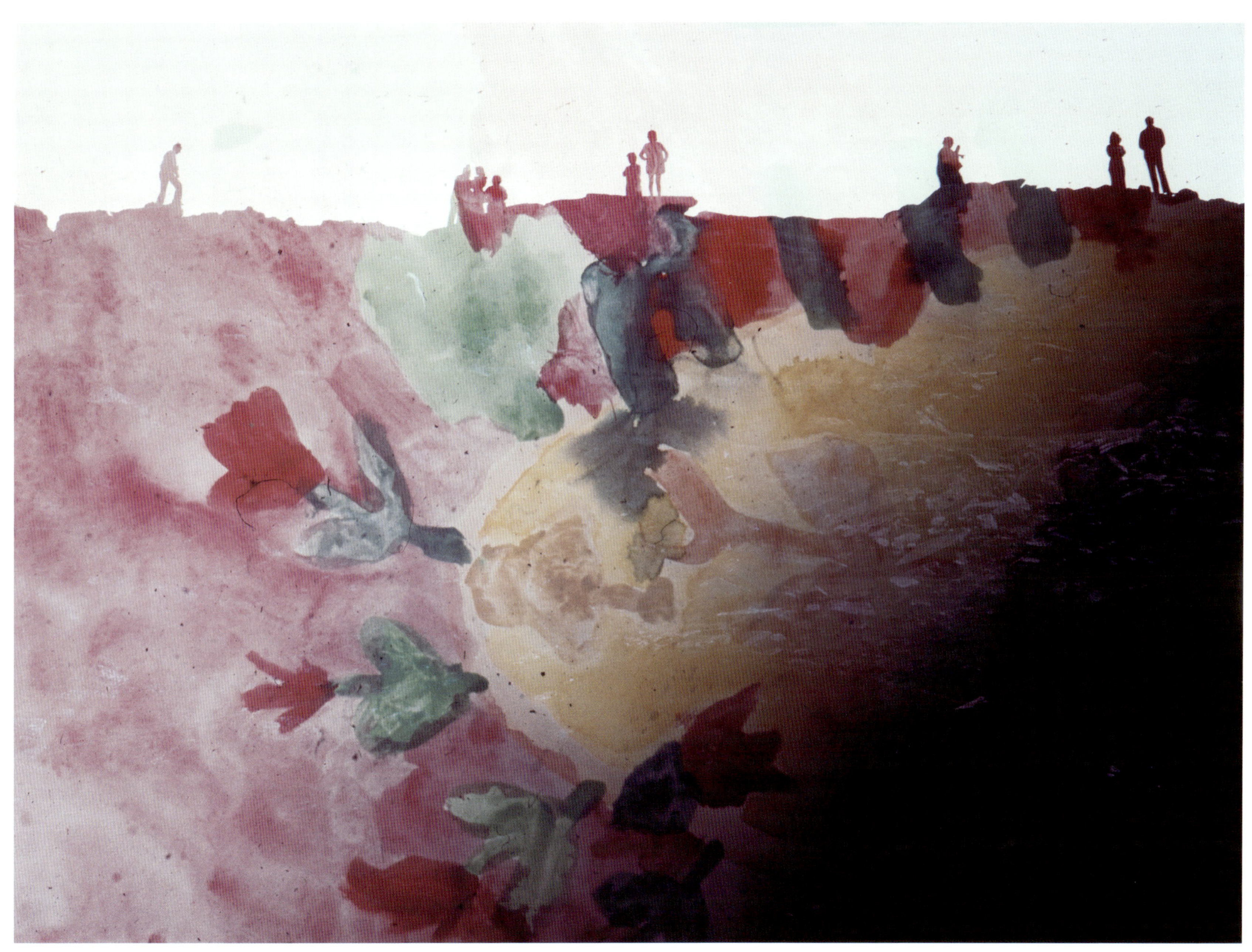

Berg der Liebesgrüße / Mountain of love greetings

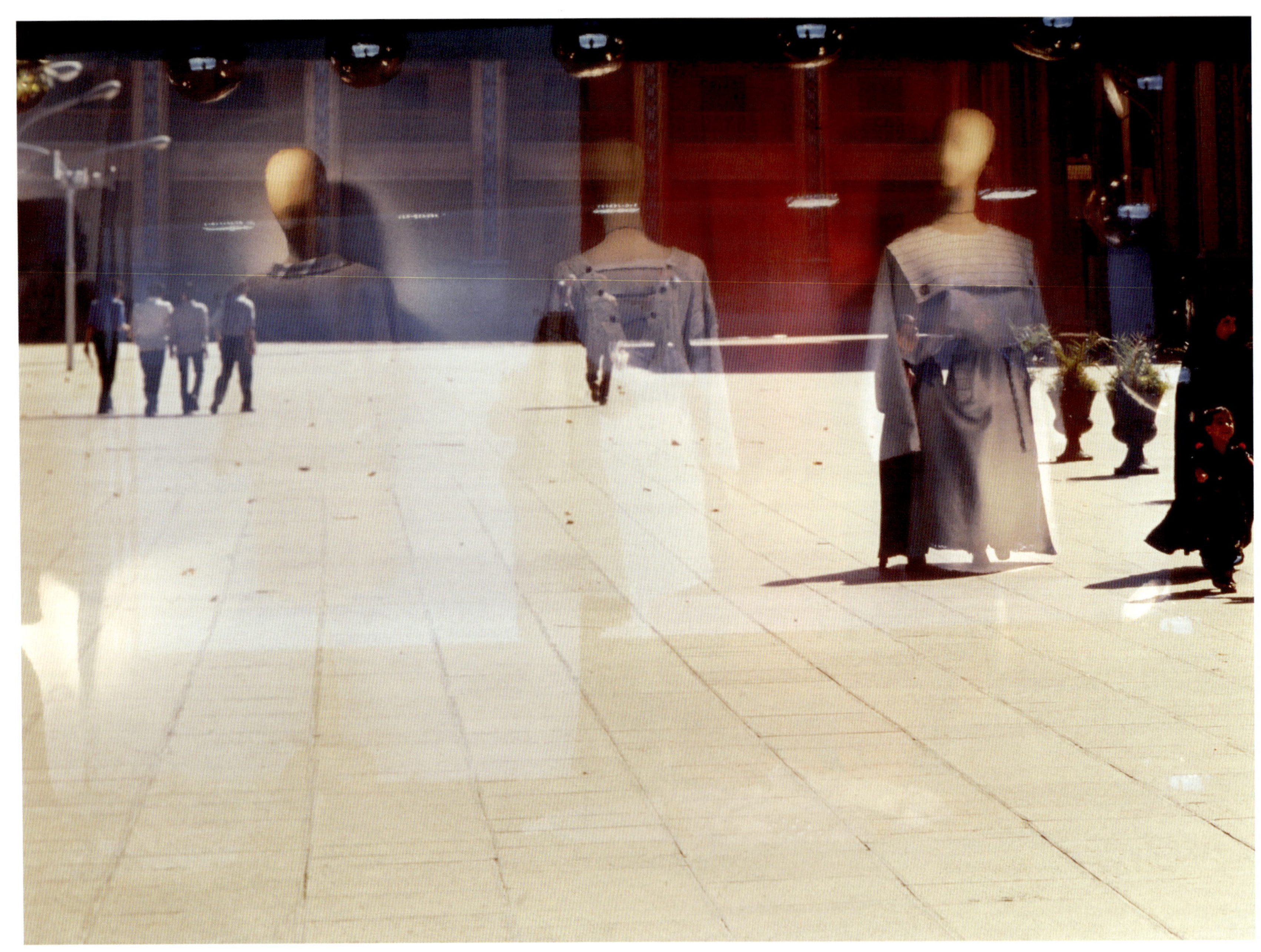

Die Befreiung von Teheran / The liberation of Tehran

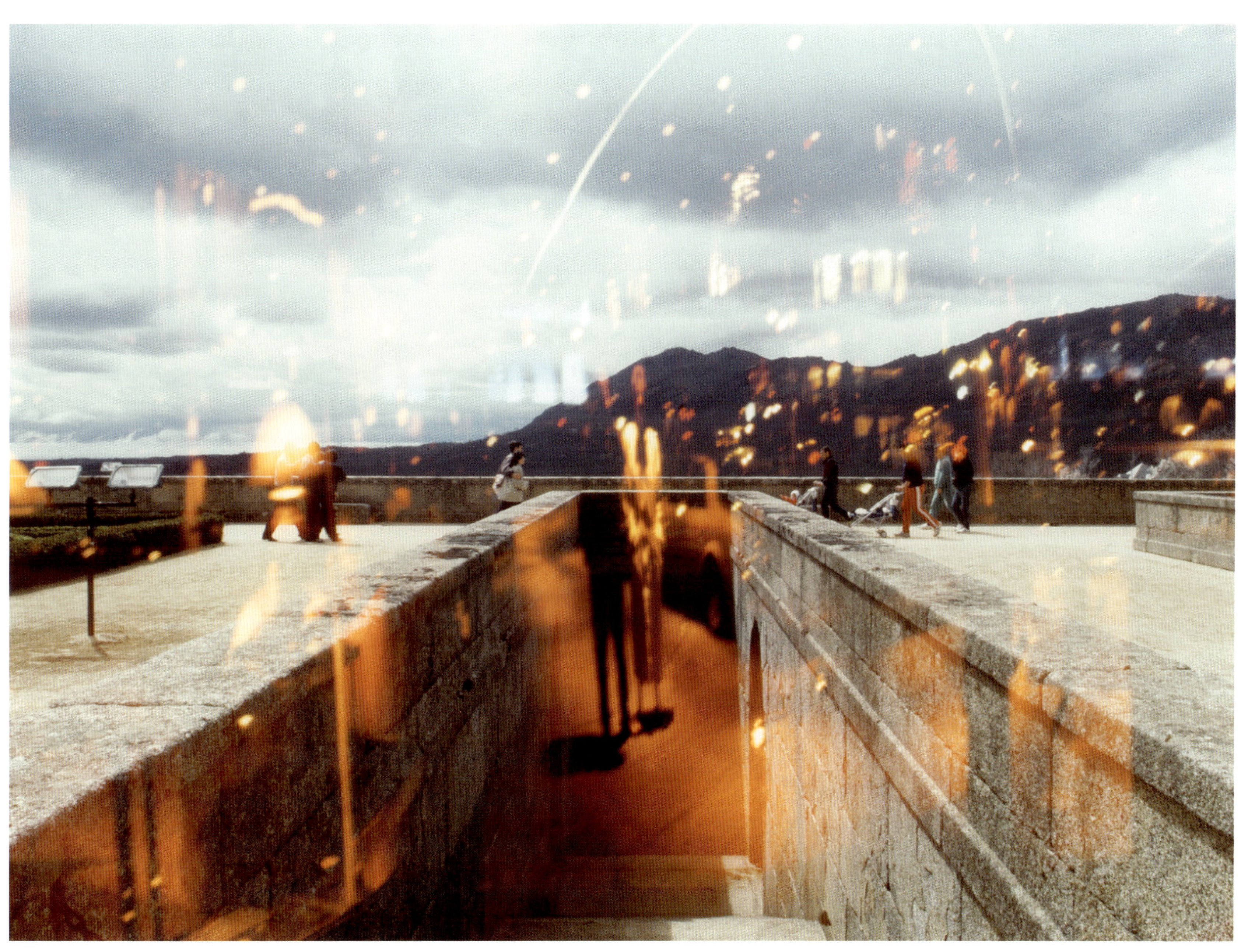

In den Katakomben / In the catacombs

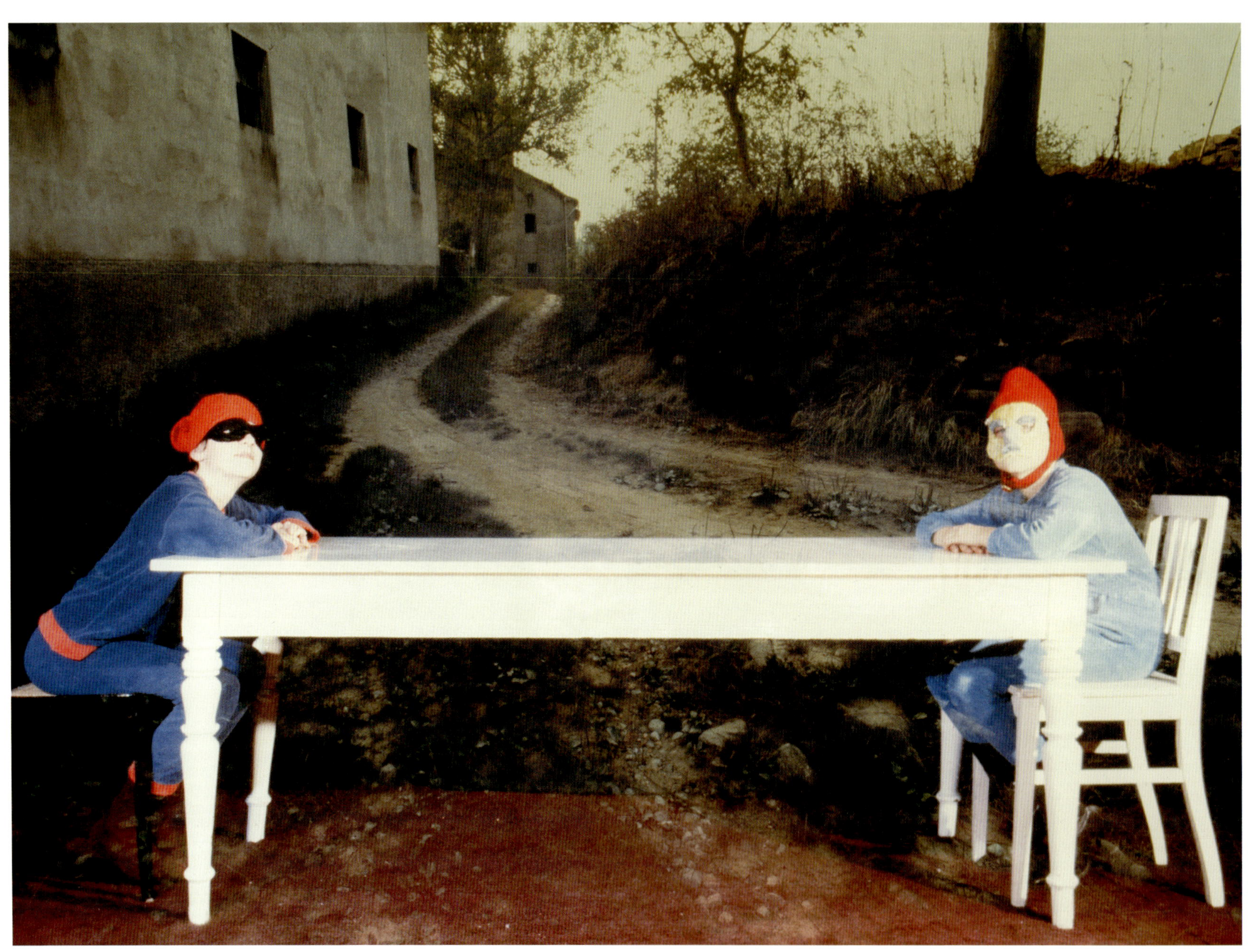

Die Hinzendinkis / The hinzendinkis

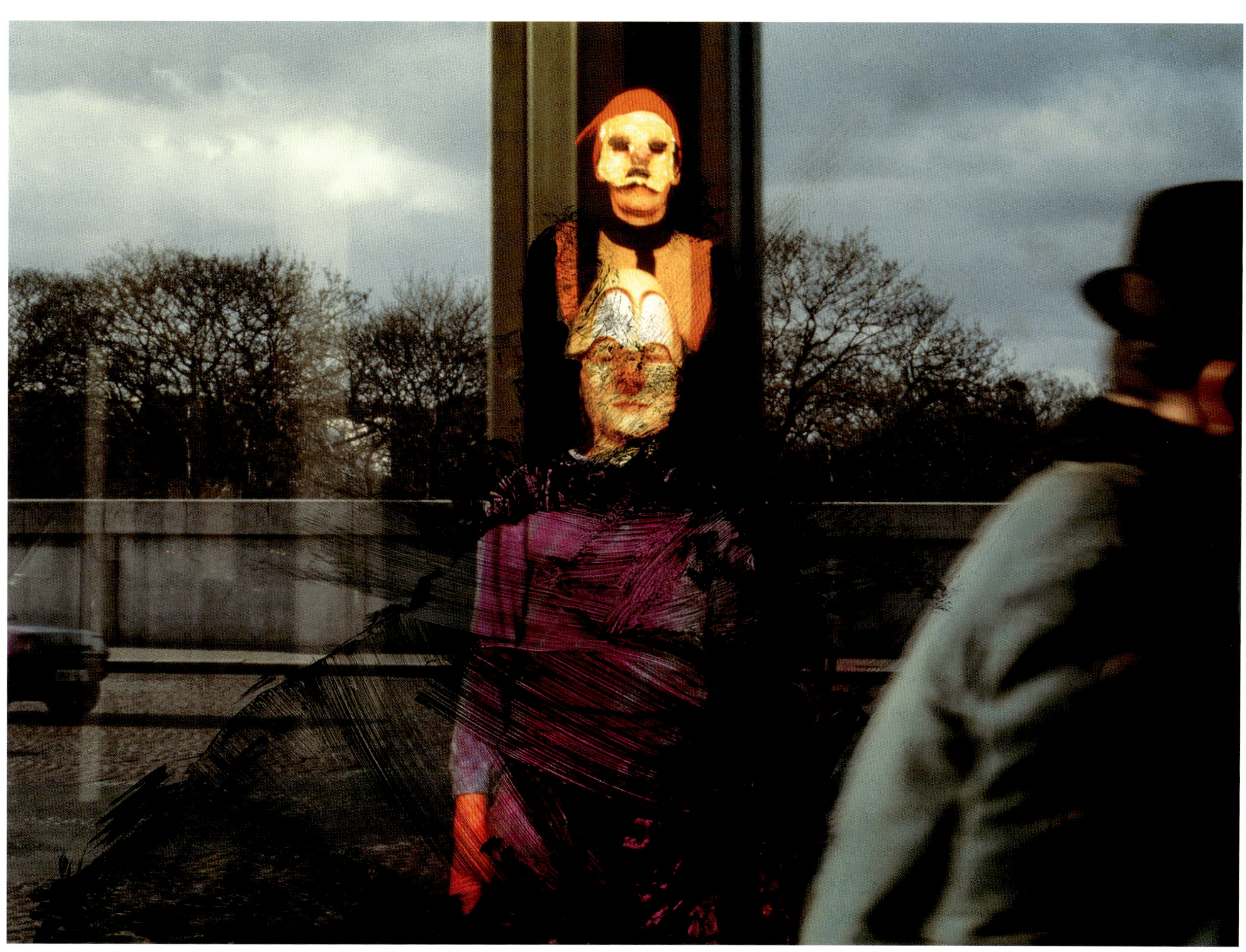

Protestantischer Karneval / Protestant carnival

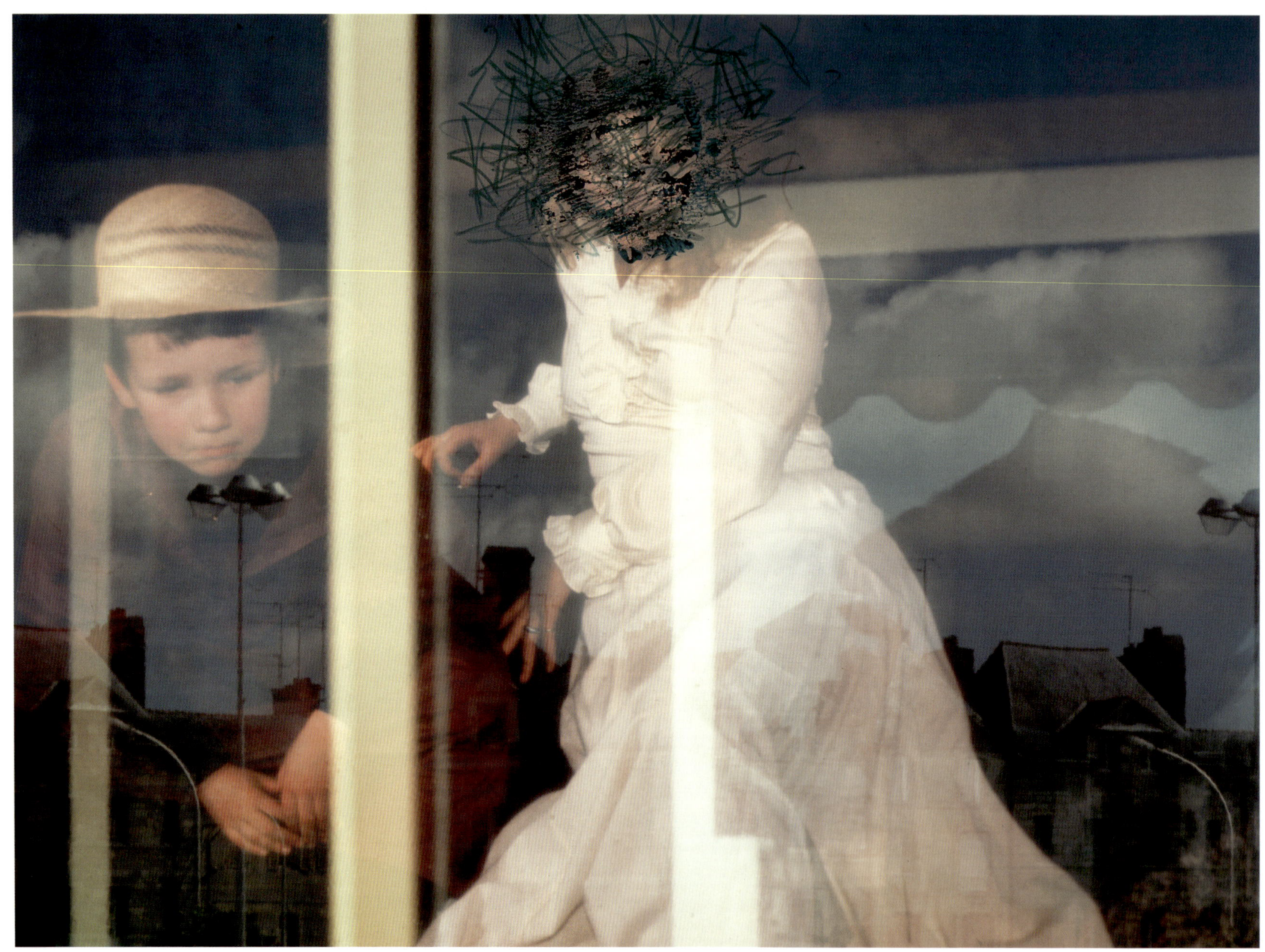

Die Reise zum Ätna / The journey to Etna

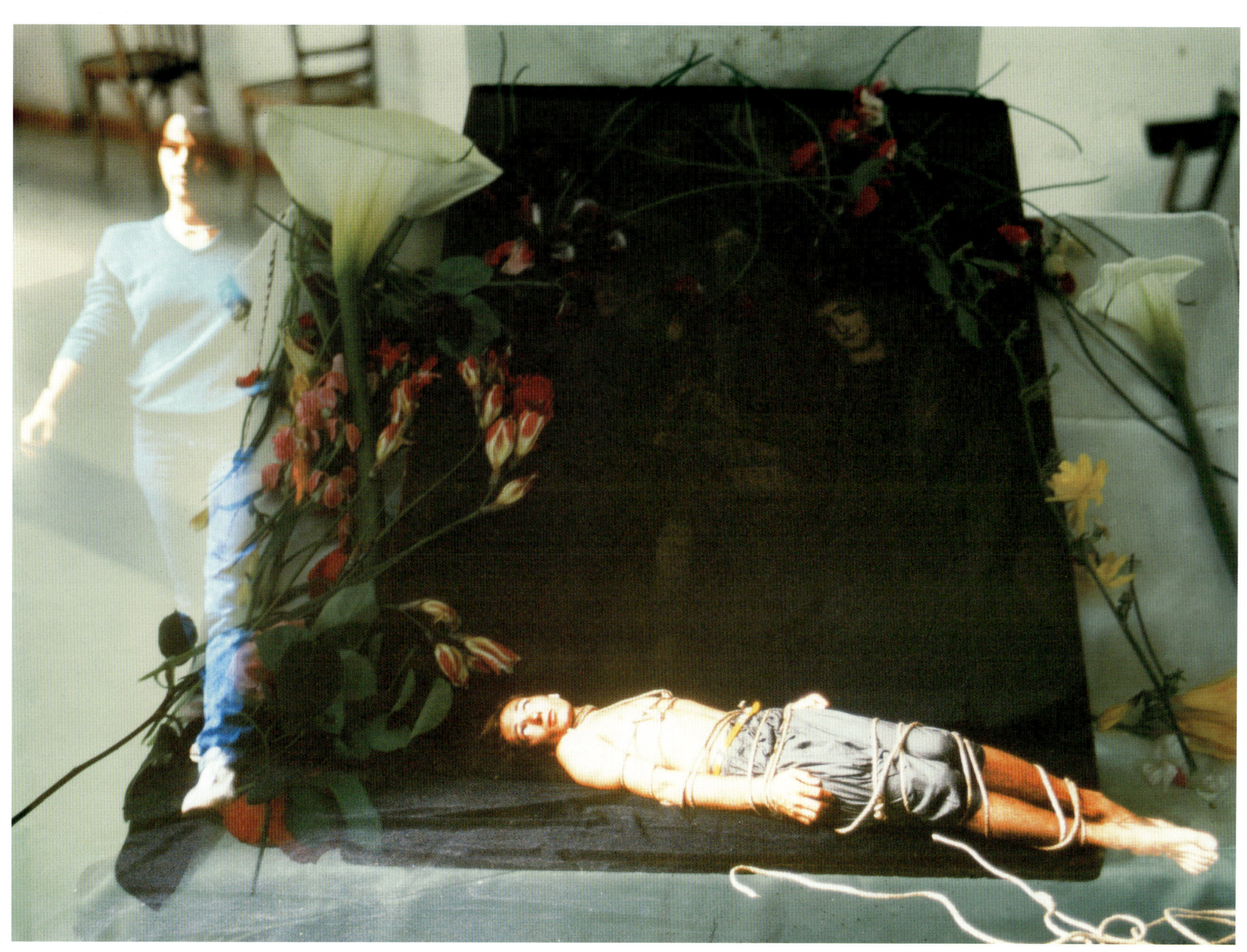

Fürbitte für Anastasia / Intercession for Anastasia

4

Reisewege ins Abseits
Travelling off the beaten track

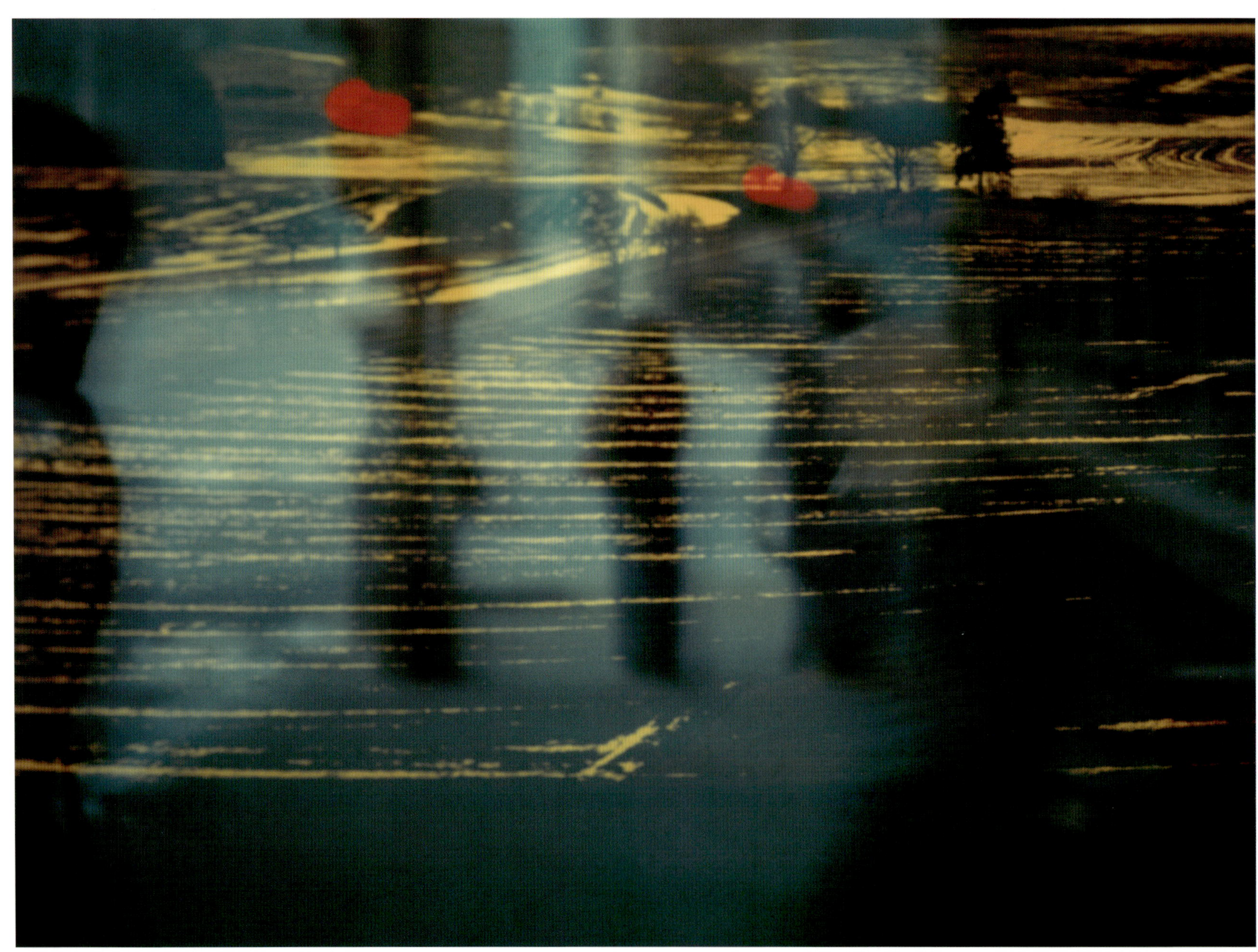

Unerwartetes Wiedersehen / Unexpected reunion

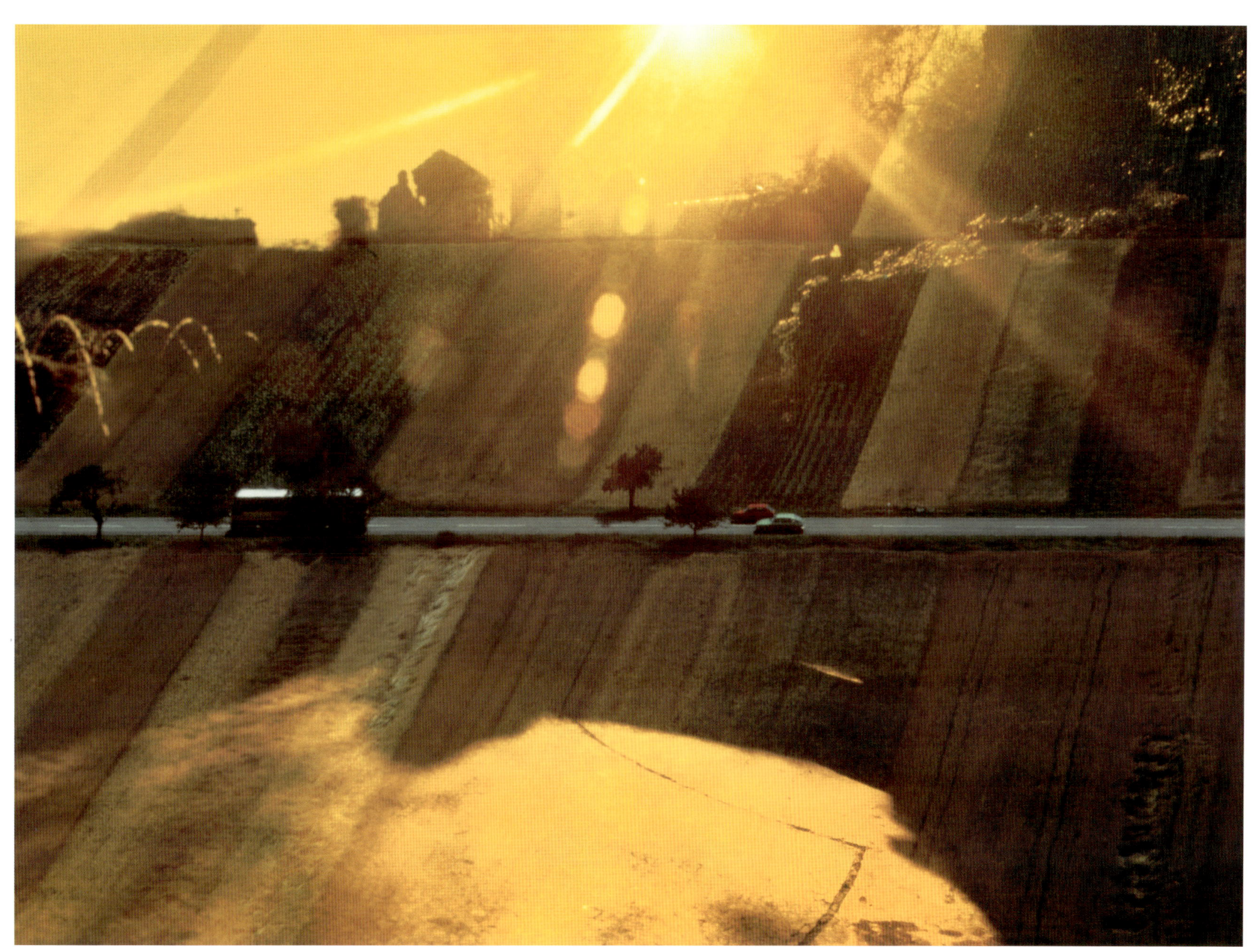

In letzter Sekunde / At the last second

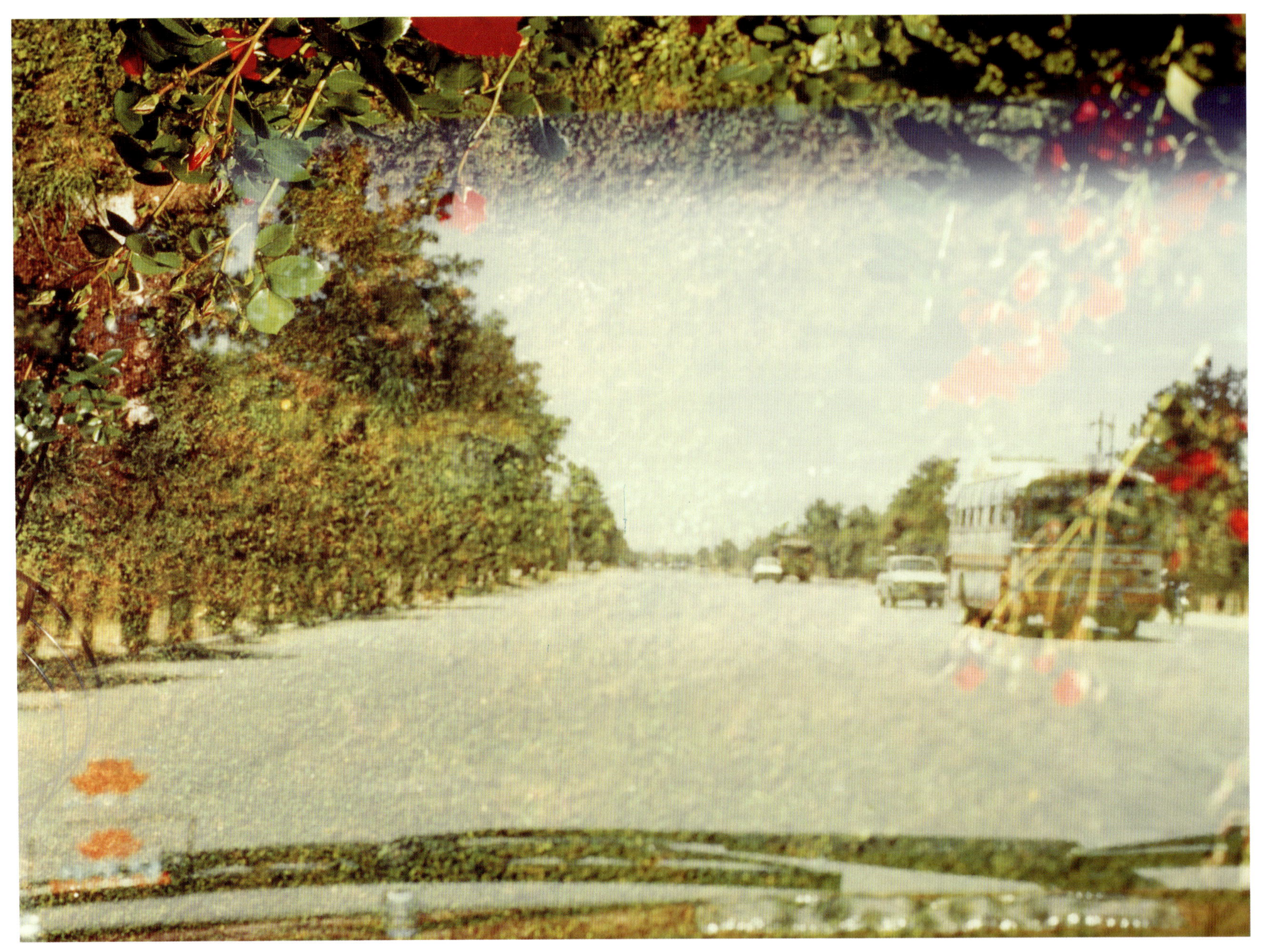

Rosen für Persepolis / Roses for Persepolis

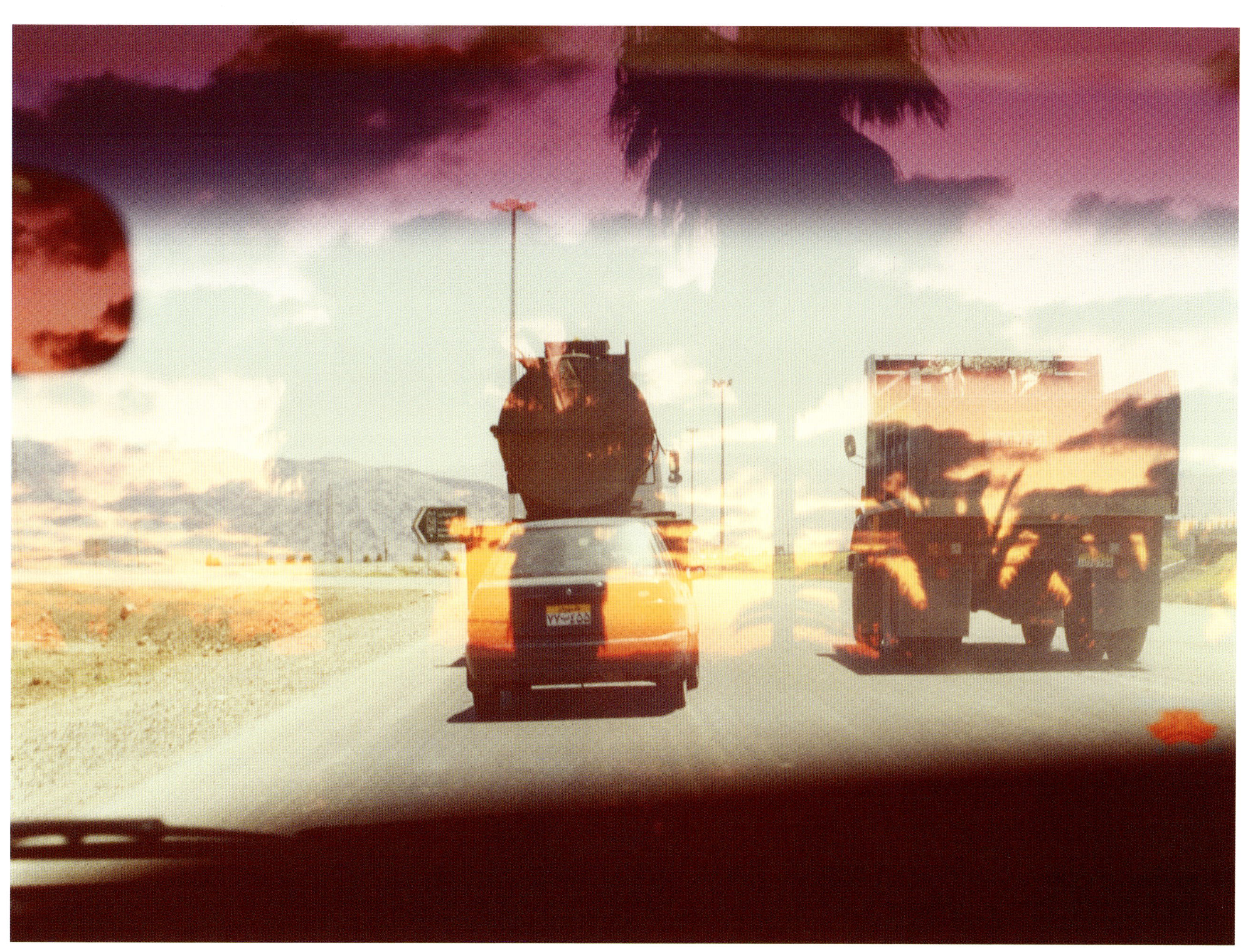

Im Tal der Amalekiter / In the valley of the Amalekites

5

Besuch aus anderen Welten
Visitors from other worlds

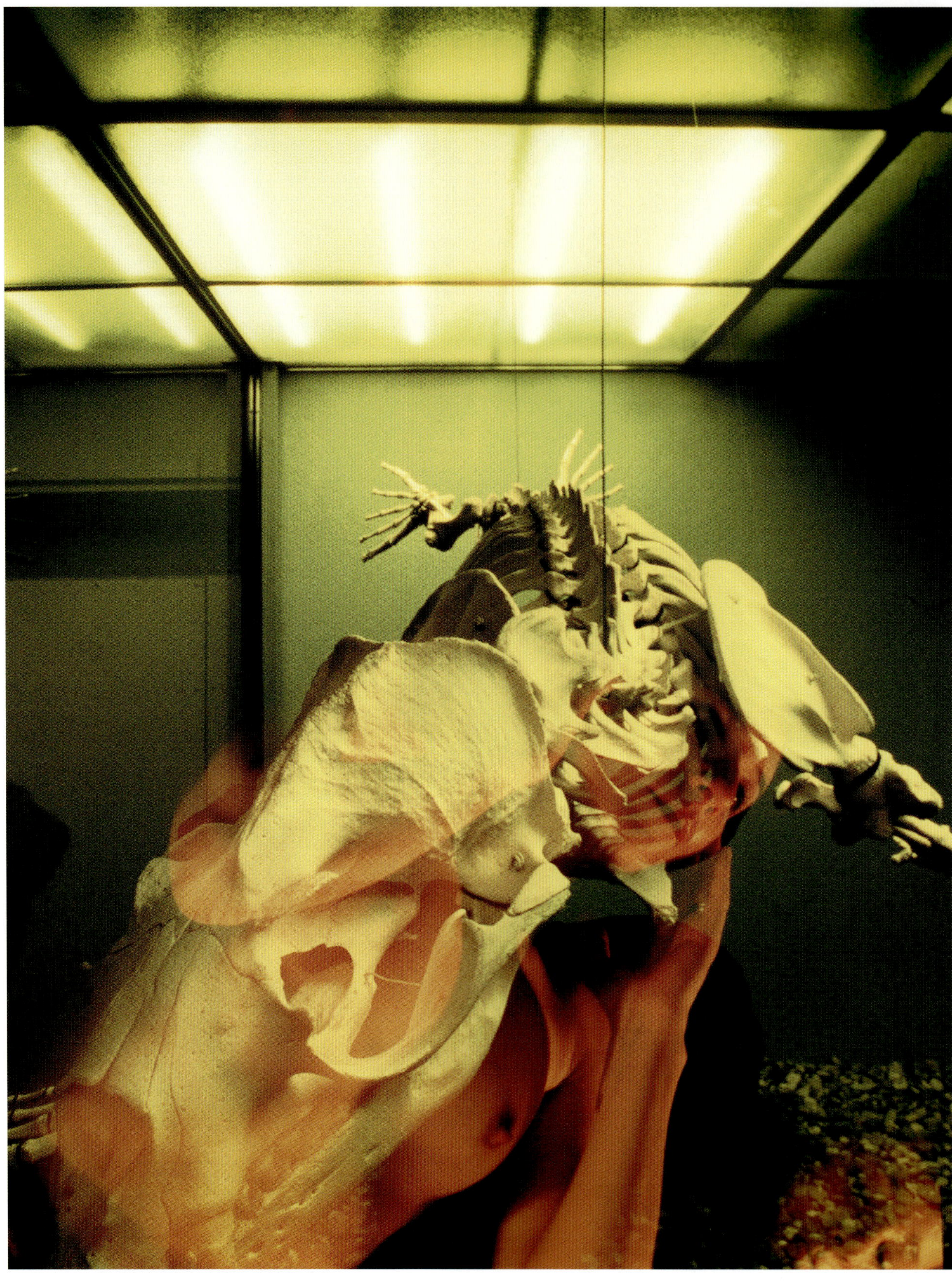

Die Verwandlung / Metamorphosis

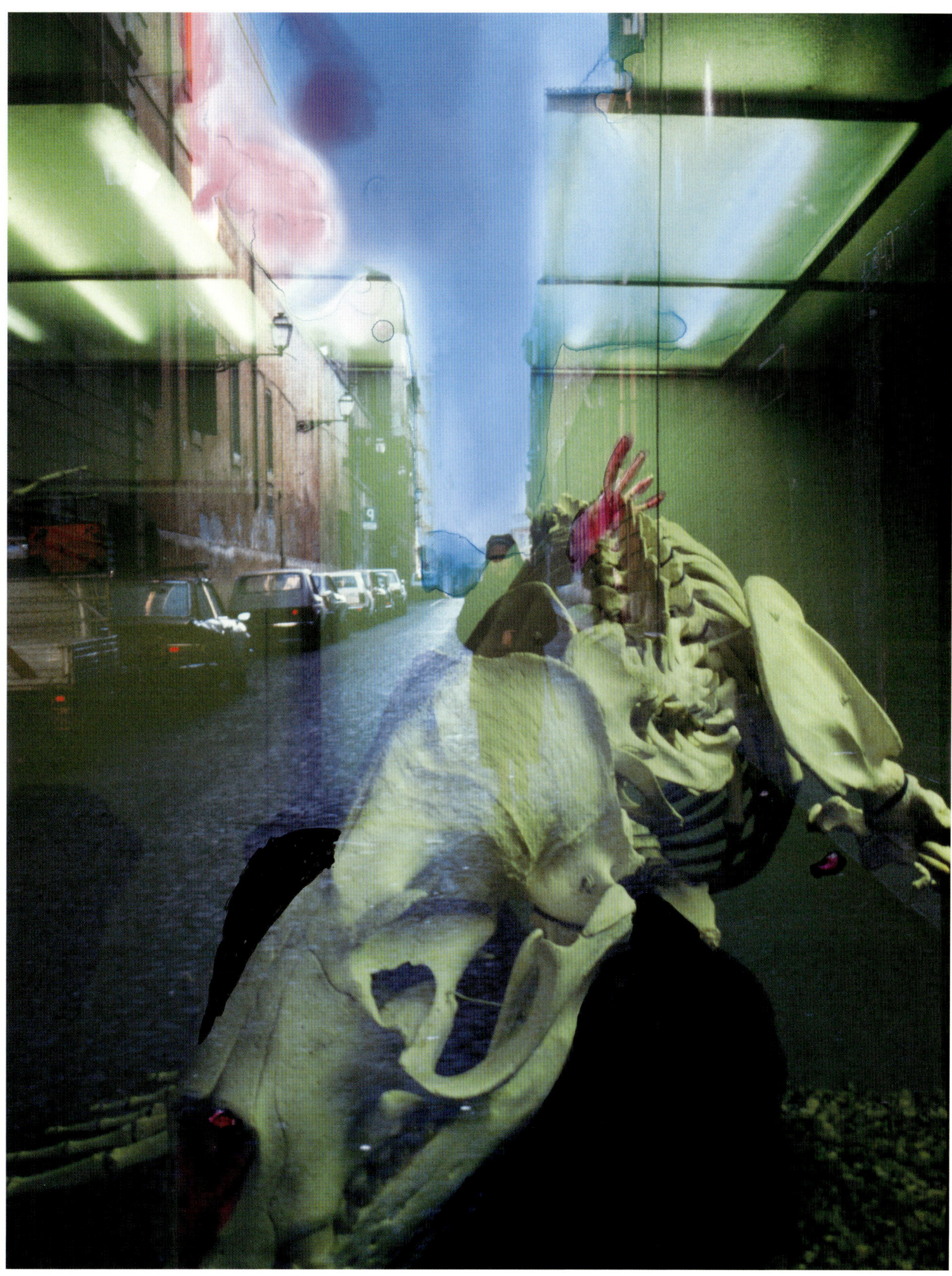

Die Täuschung / Deception

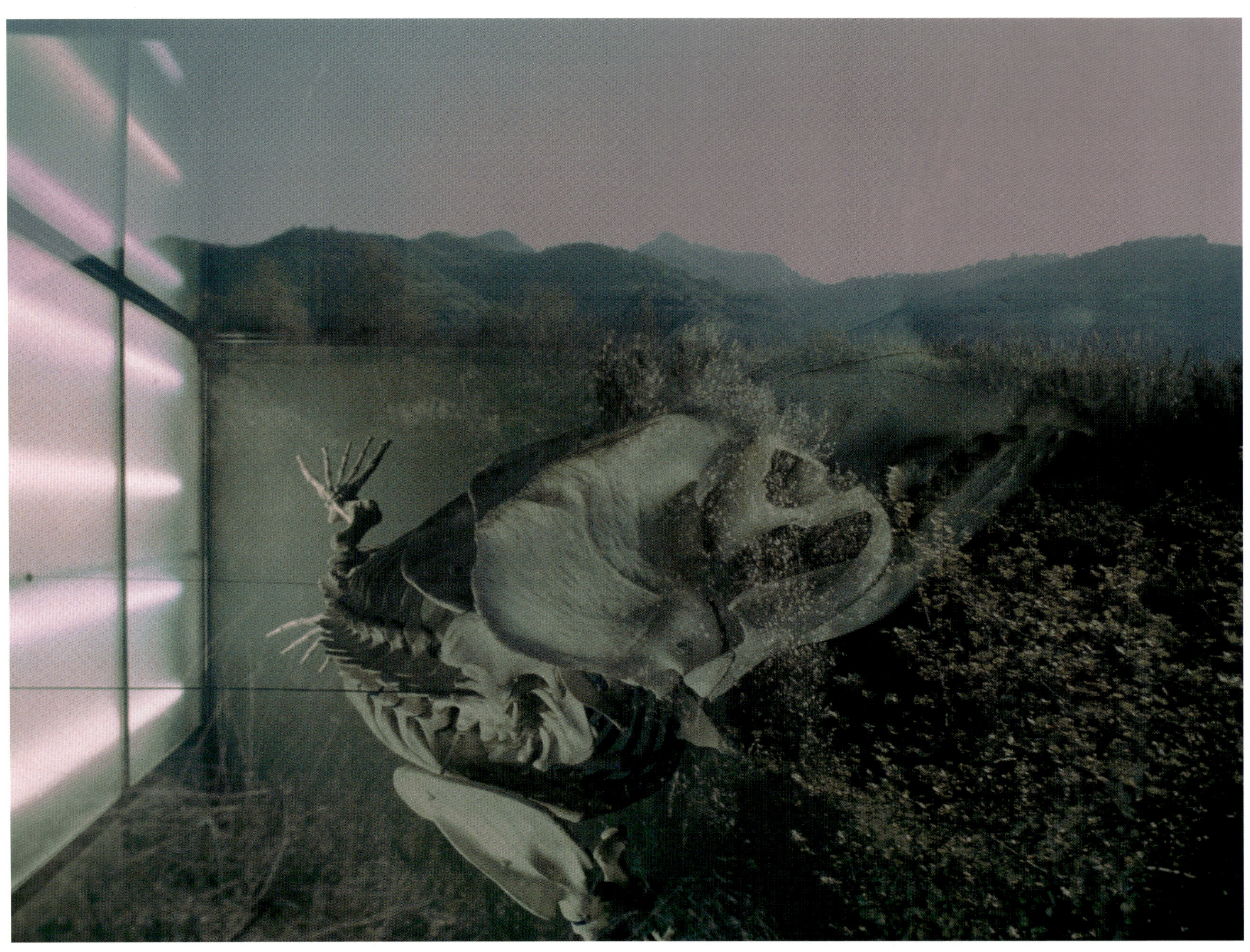

Der Moment des Erkennens / The moment of insight

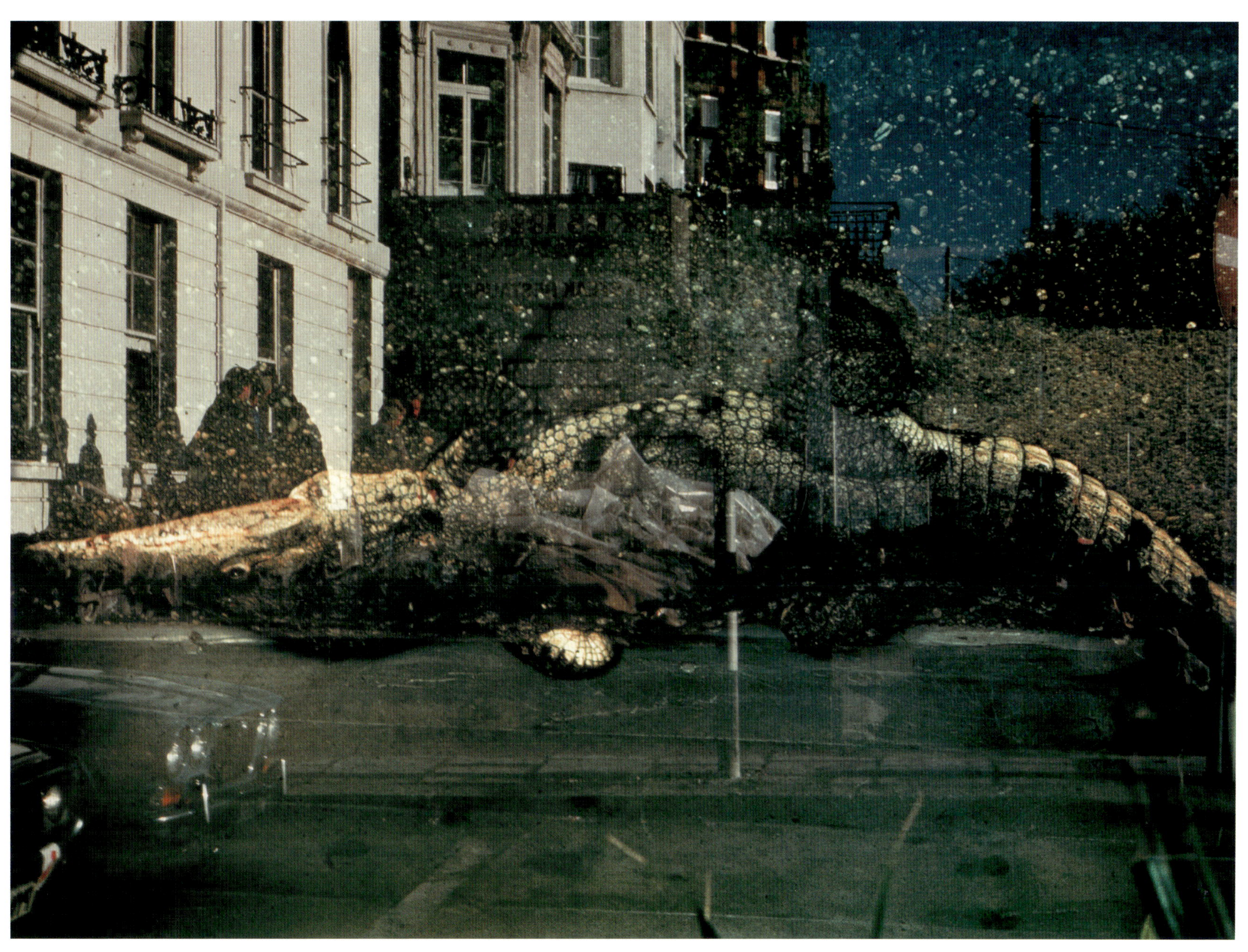

Anschwemmung in der King's Road / Washed up in King's Road

6

Plötzlich, mitten in der Menge, eine Jungfrau mit Kind
Suddenly, amidst the crowd, a virgin with a child

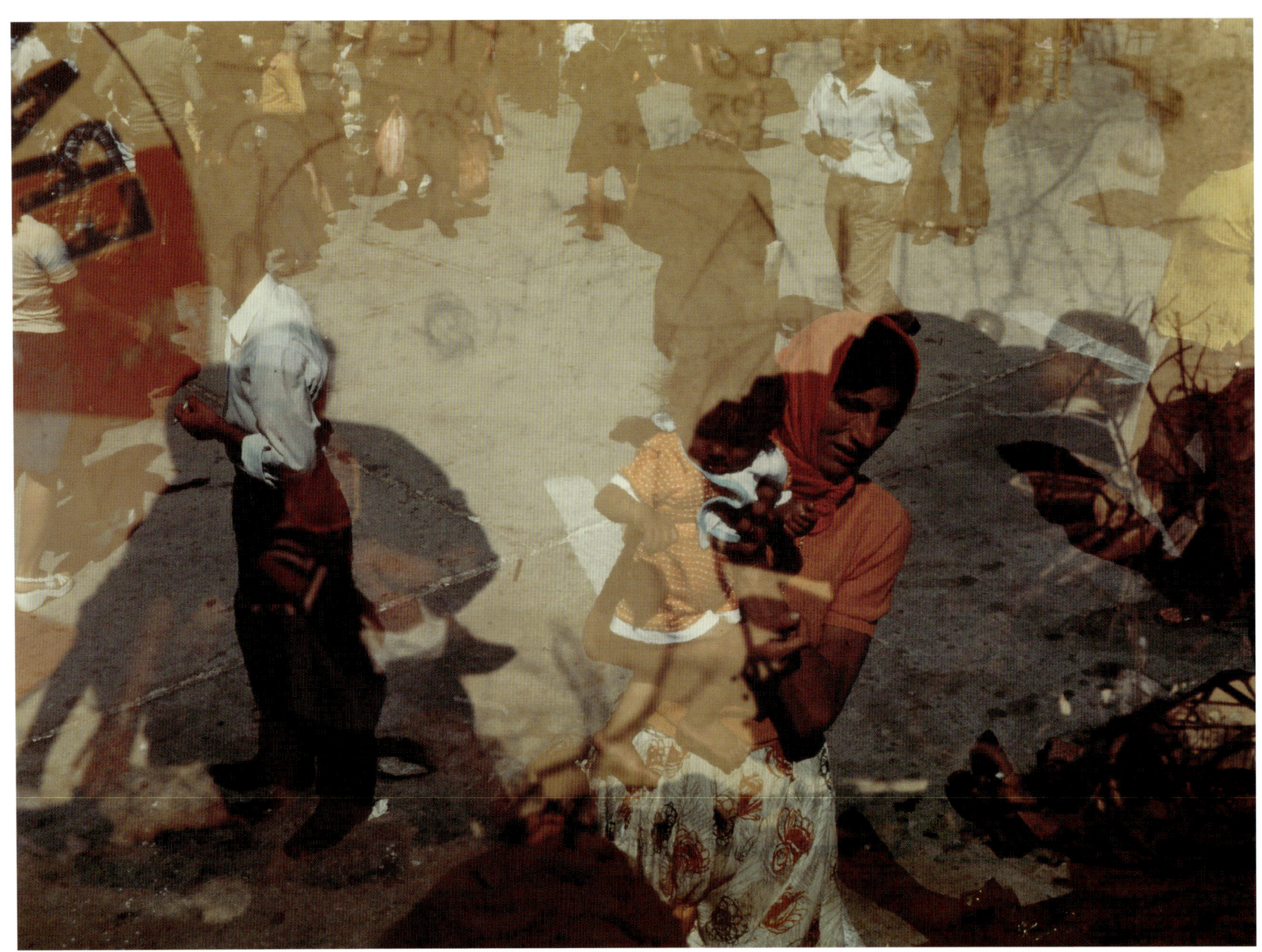

Geduldeter Aufenthalt / Tolerated stay

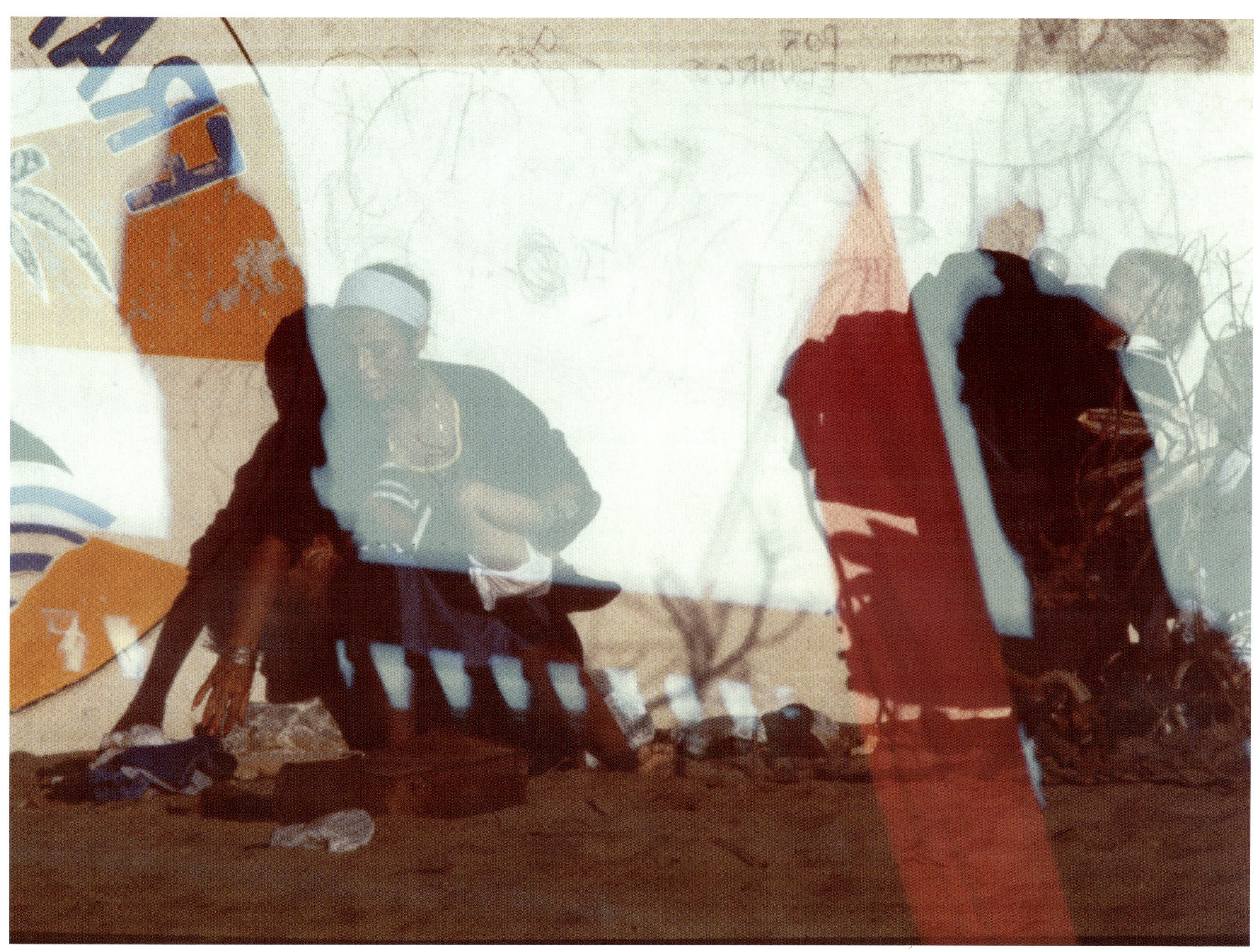

Open air

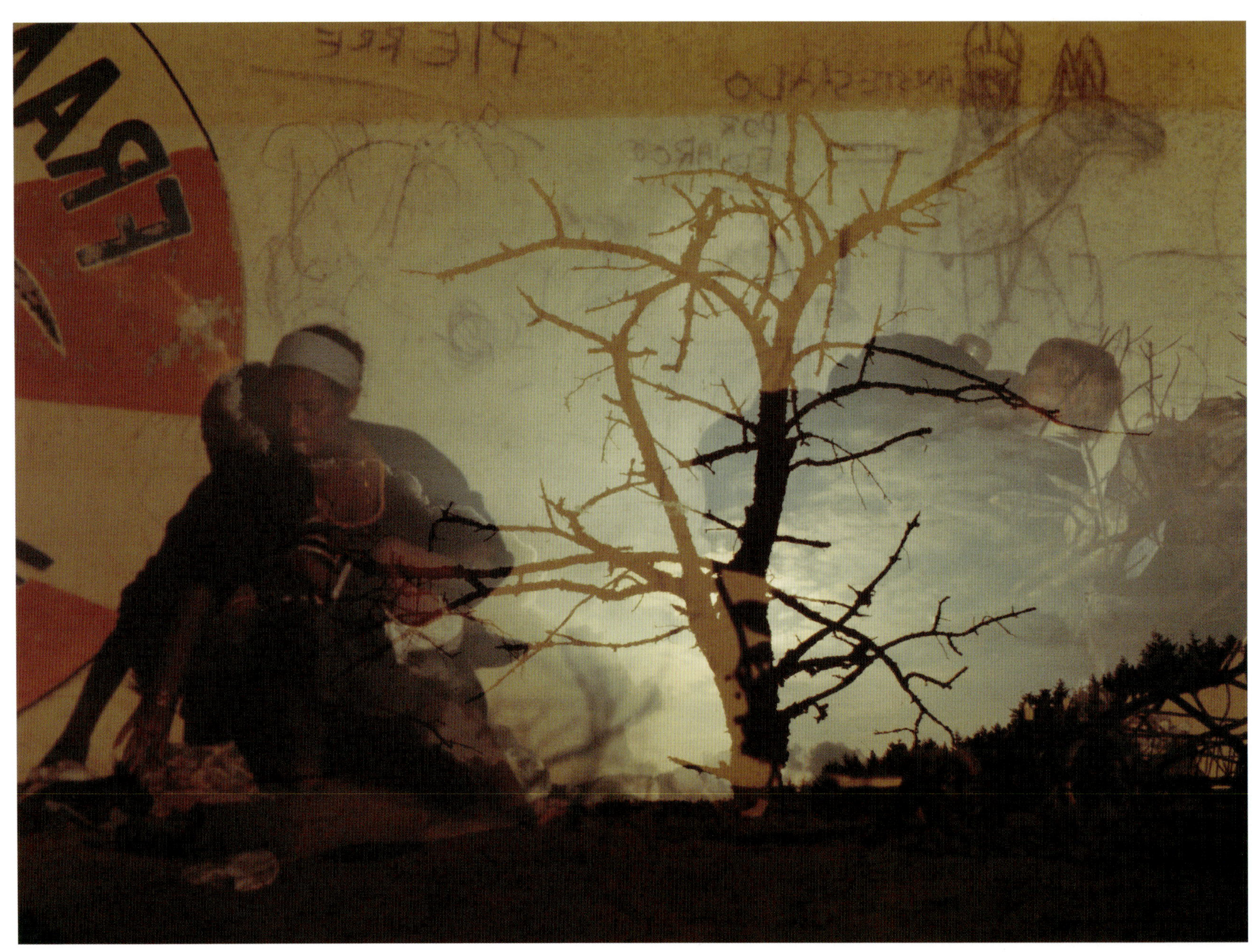

Nachtasyl / Night asylum

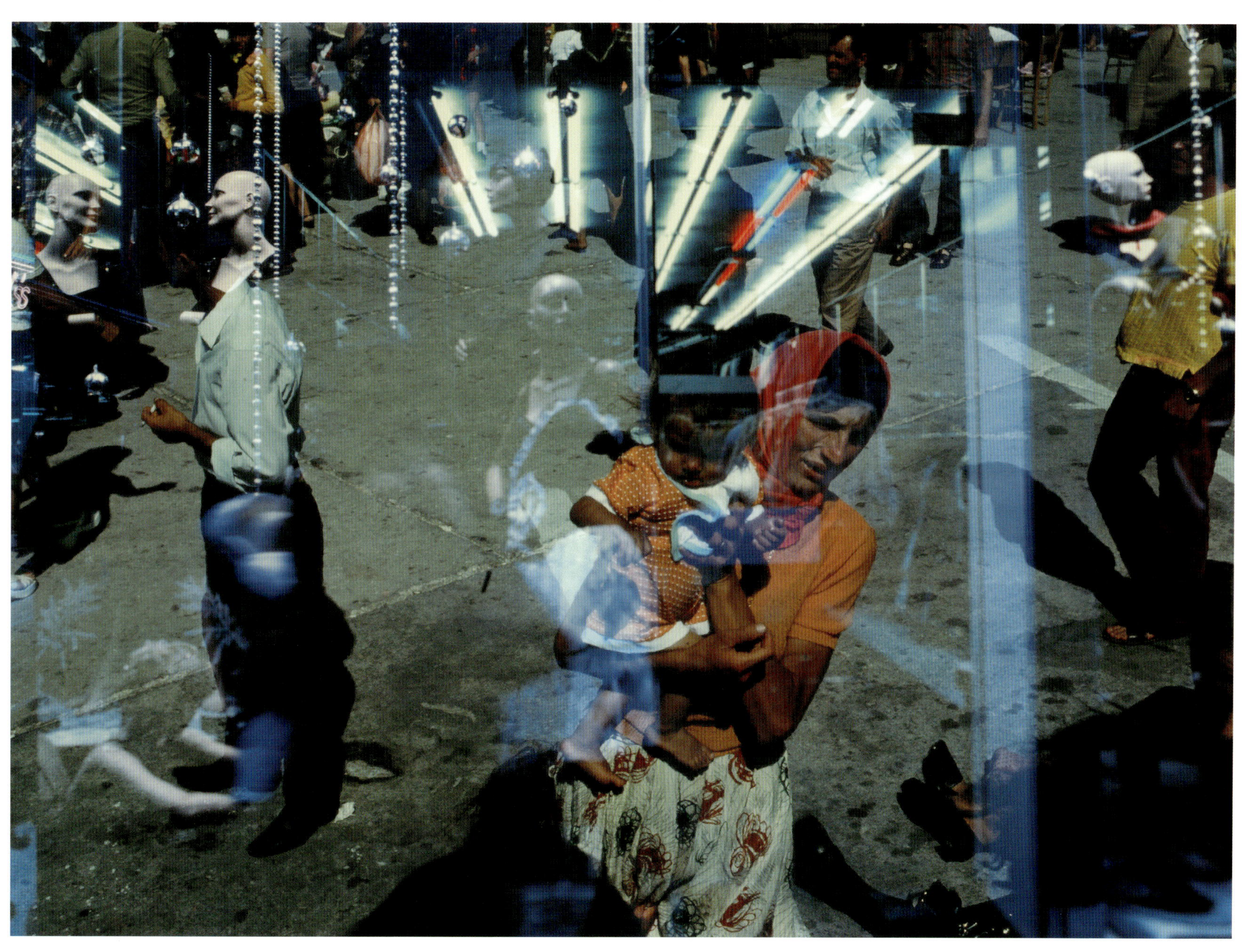

Platzverweis / Expulsion

7

In stillen Gärten
In quiet gardens

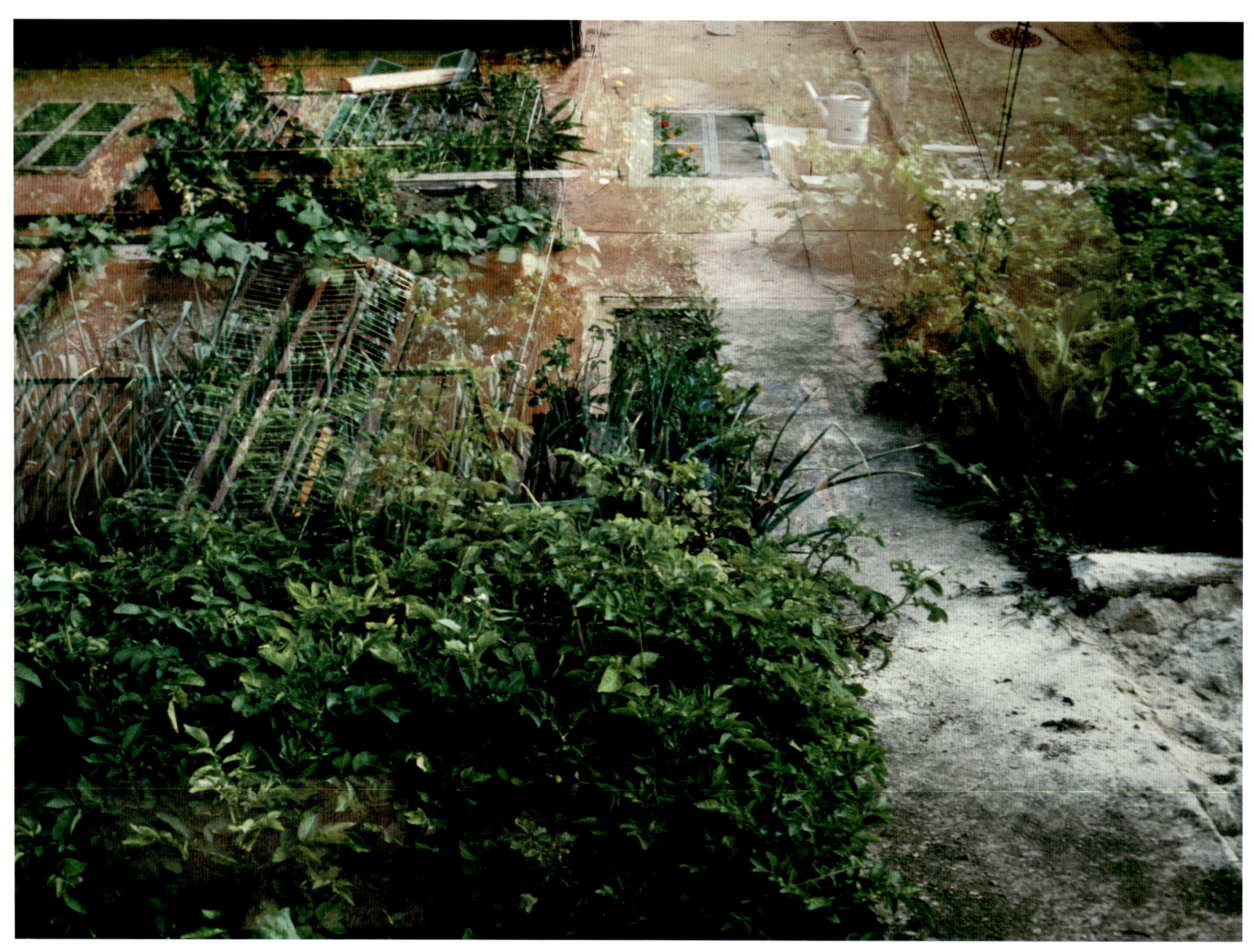

Lautlose Eroberung / Silent conquest

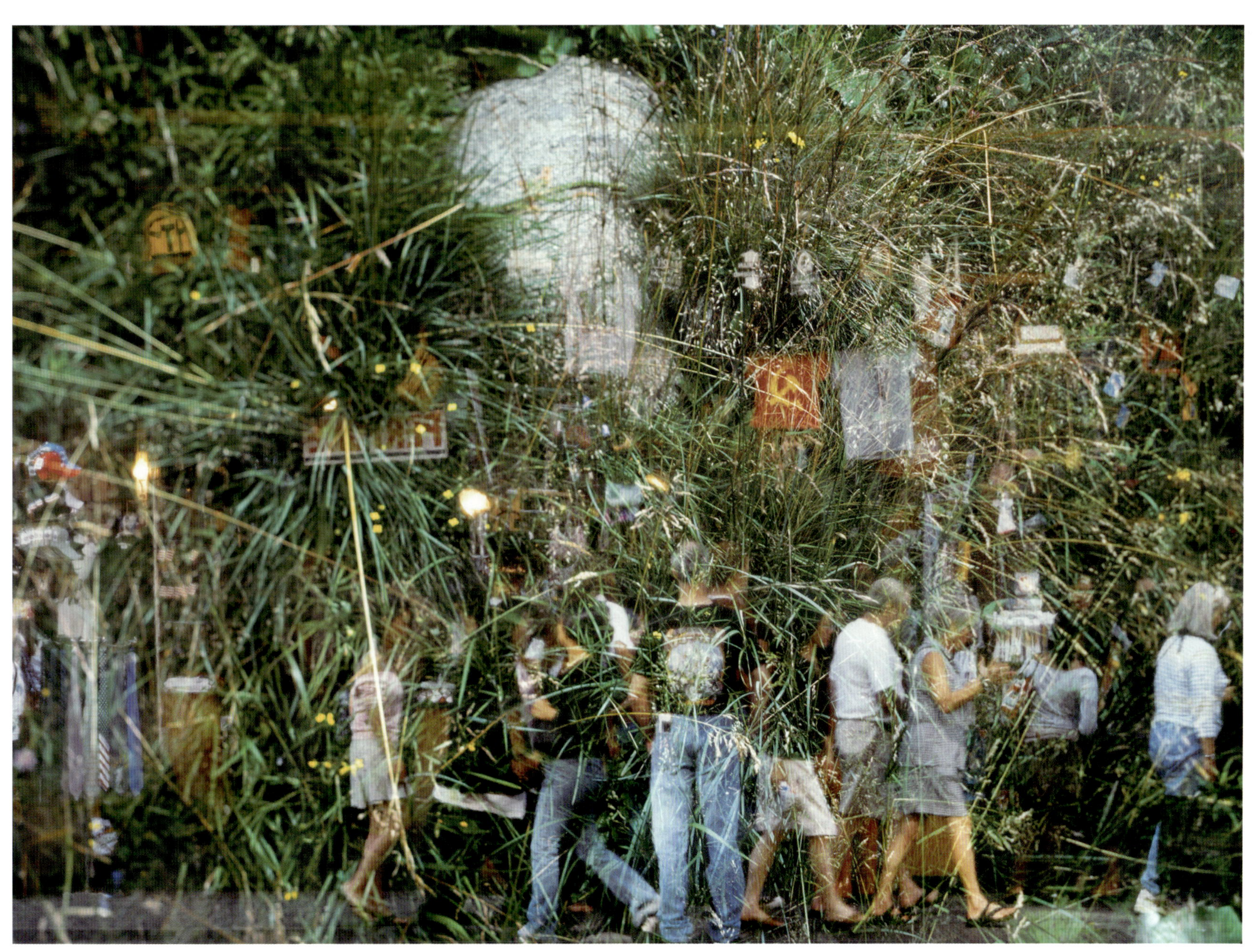

Die Krötenschützer / The toad guards

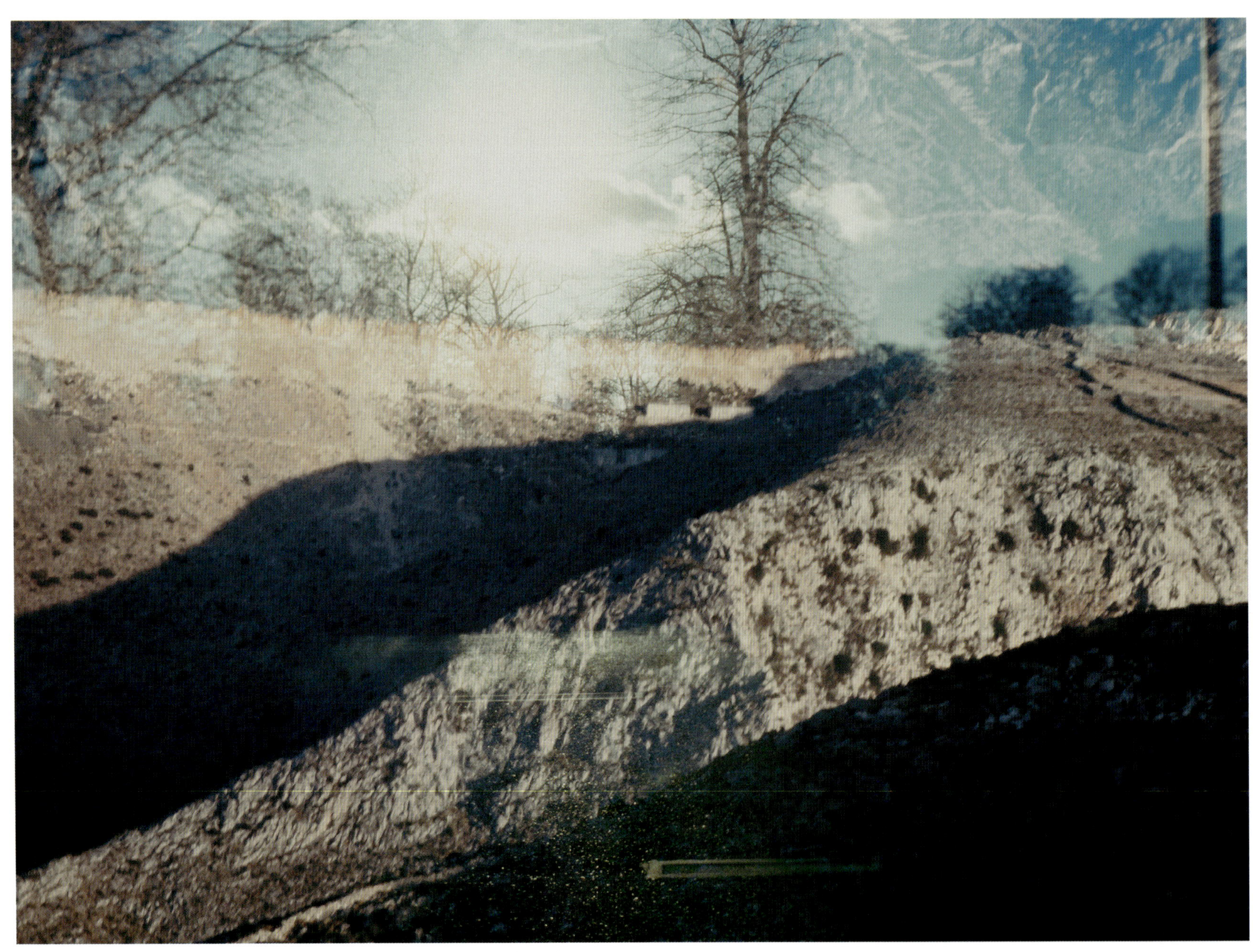

Die Vorhut der Finsternis / The vanguard of darkness

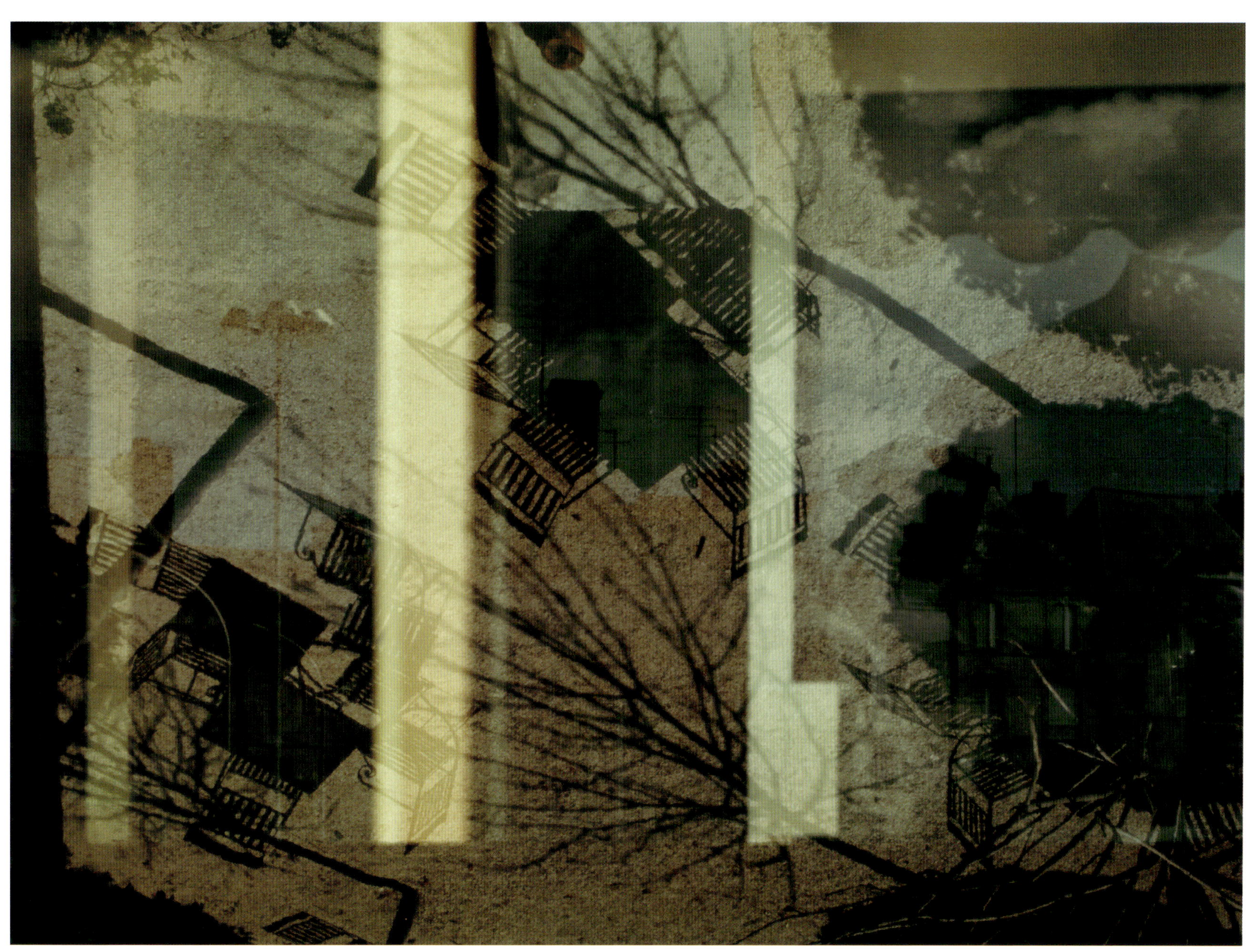

Herbststurm / Autumn storm

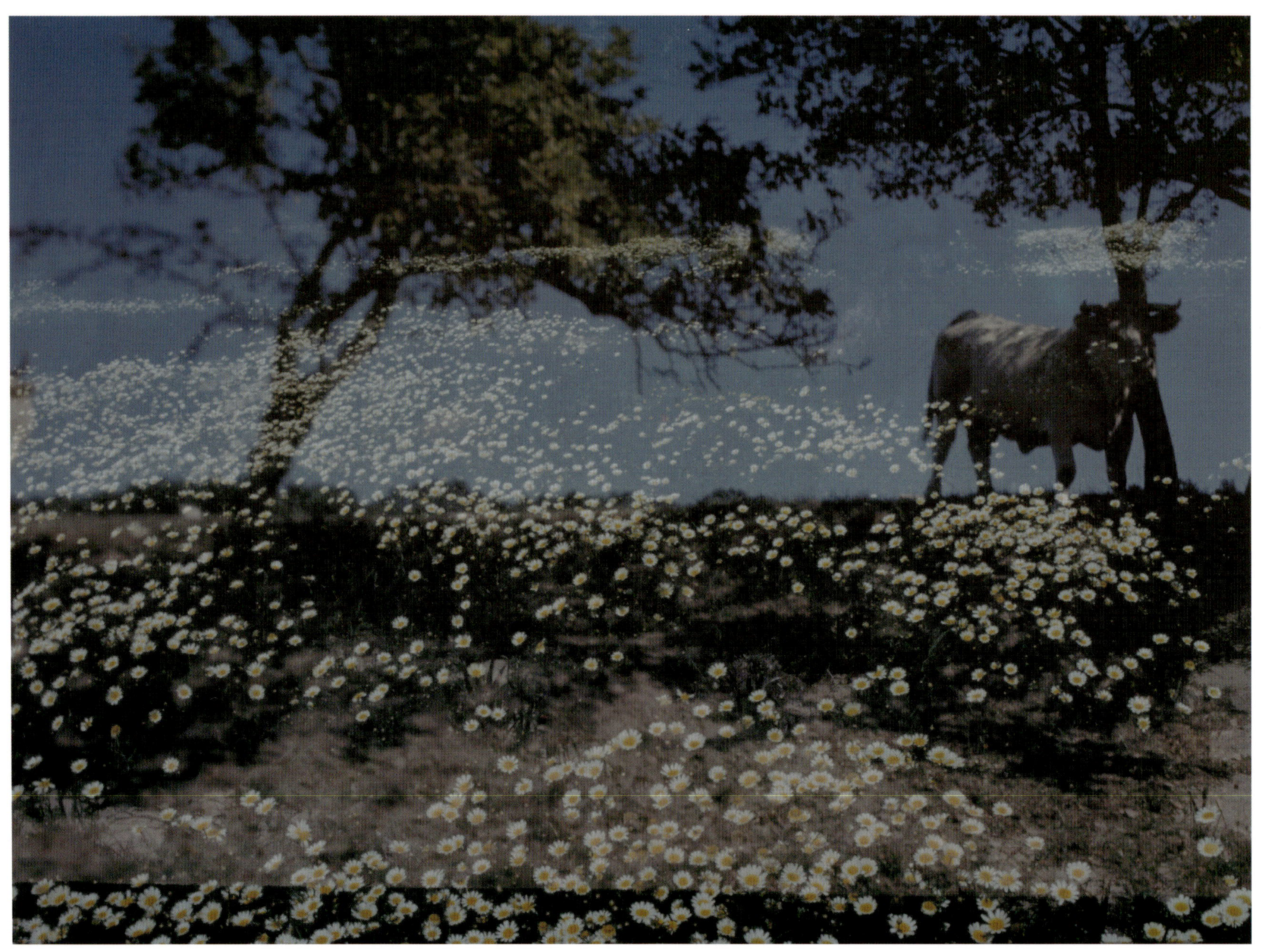

Besuch vom Nachbarn / Visit from a neighbour

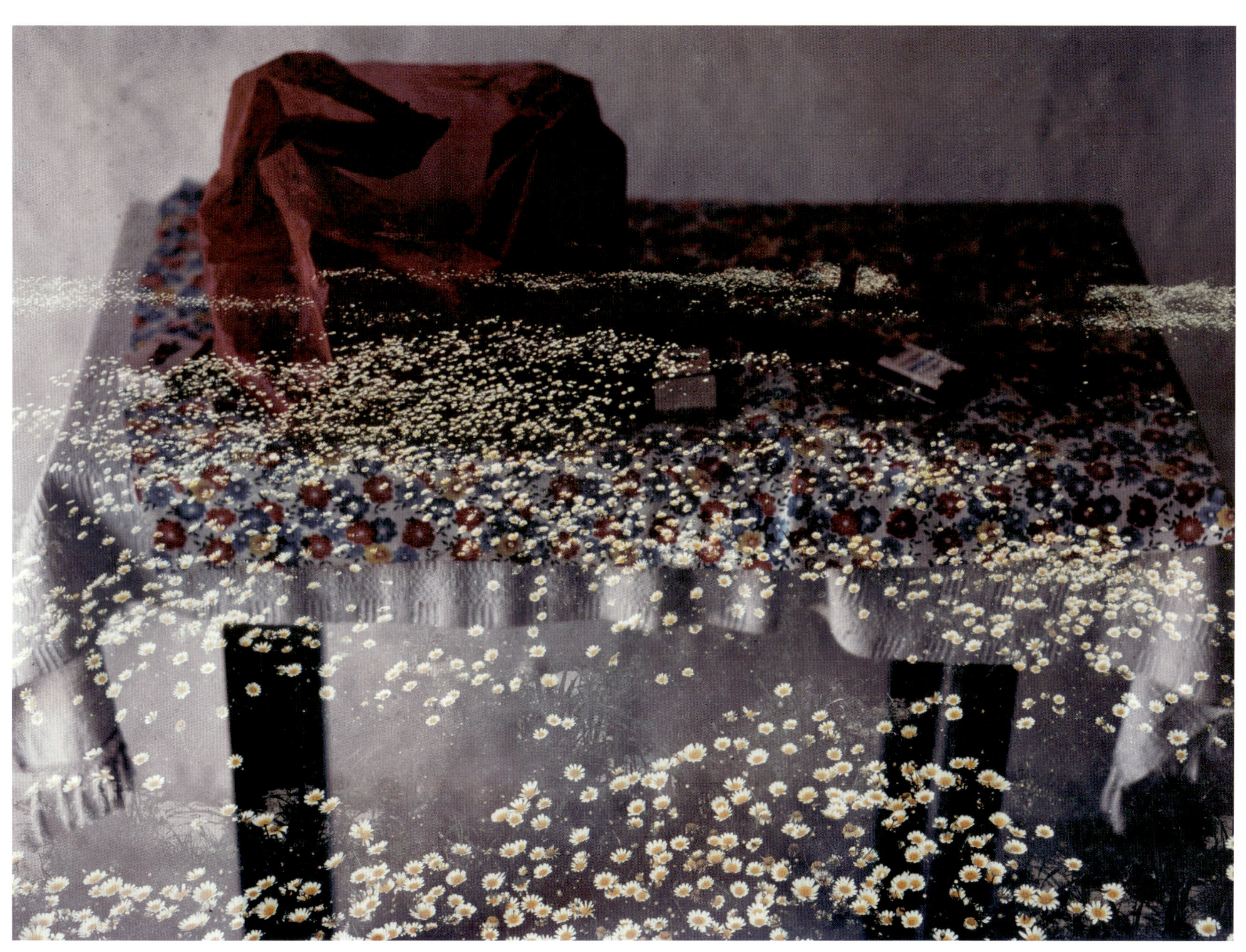

Überschwengliche Liebe / Effusive love

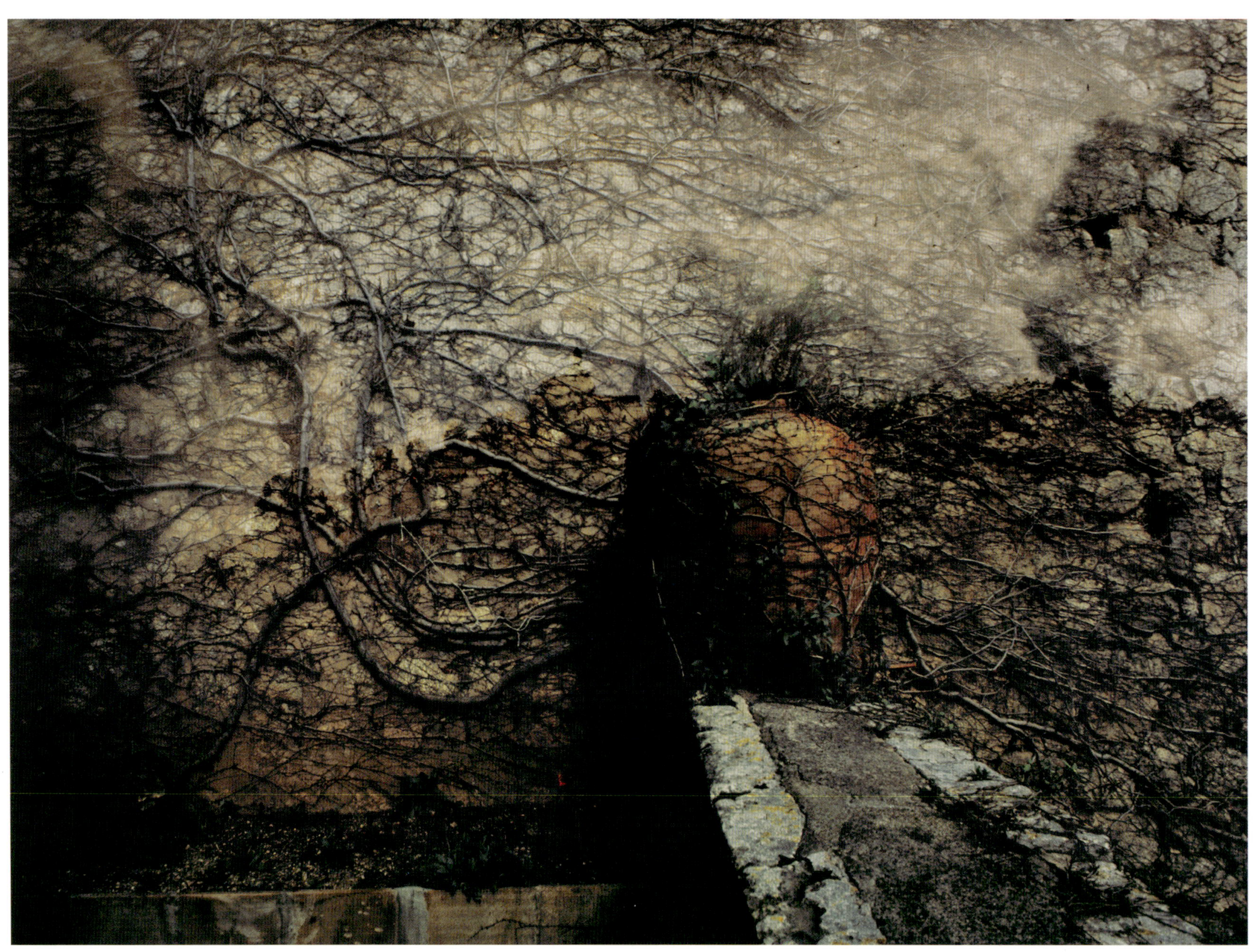

Dezembergarten / December garden

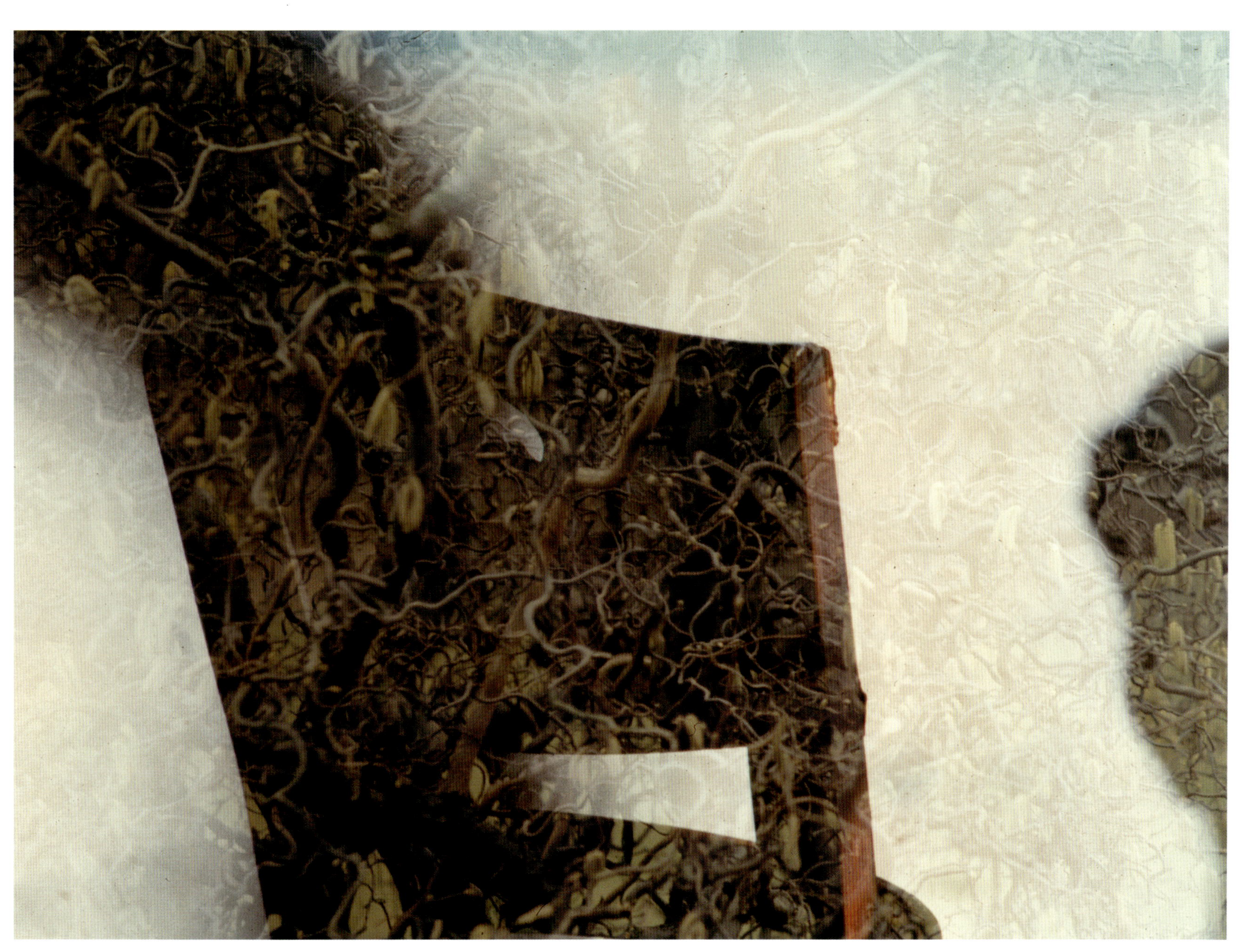

Vom Eise befreit / Freed from ice

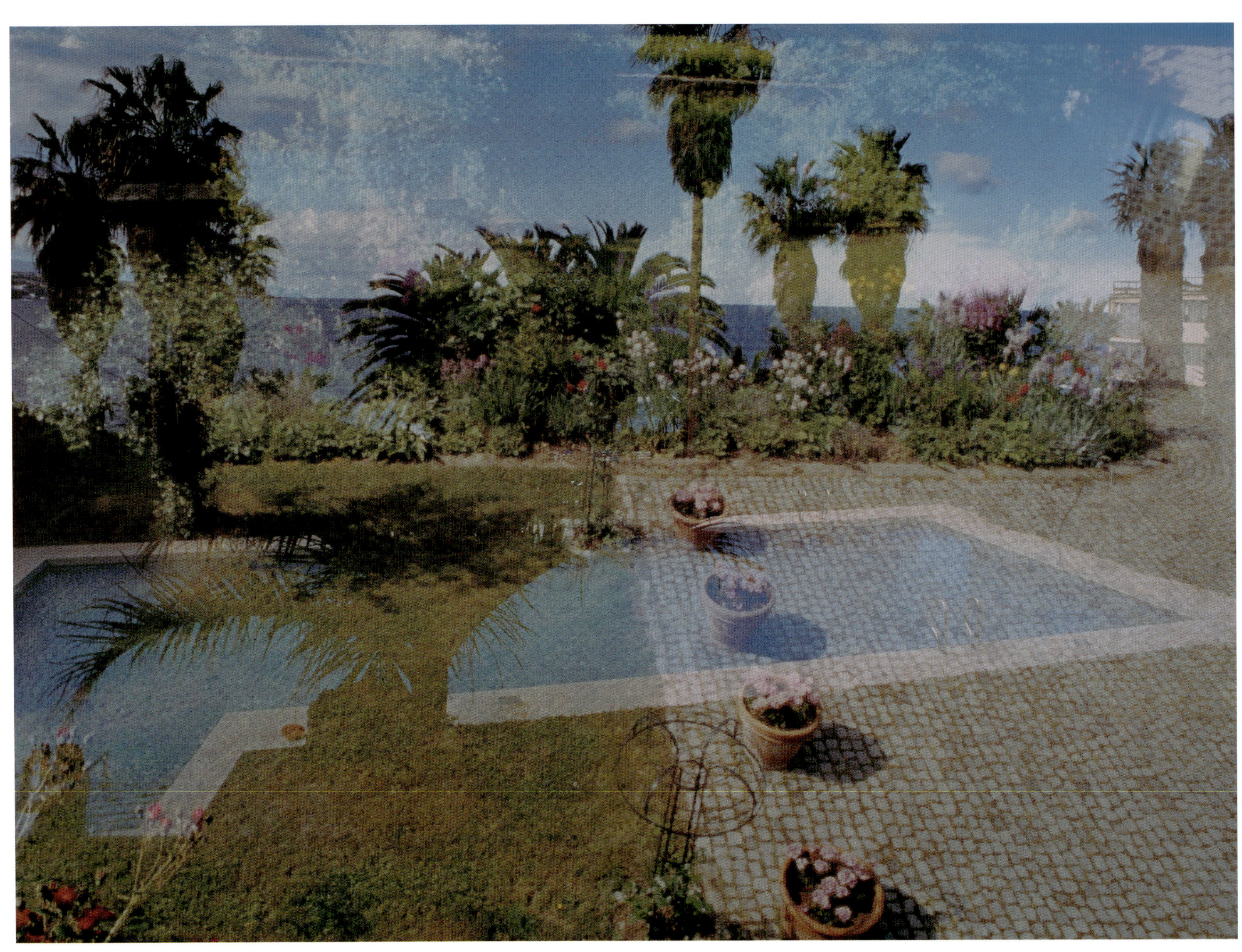

Stiller Nachmittag / Quiet afternoon

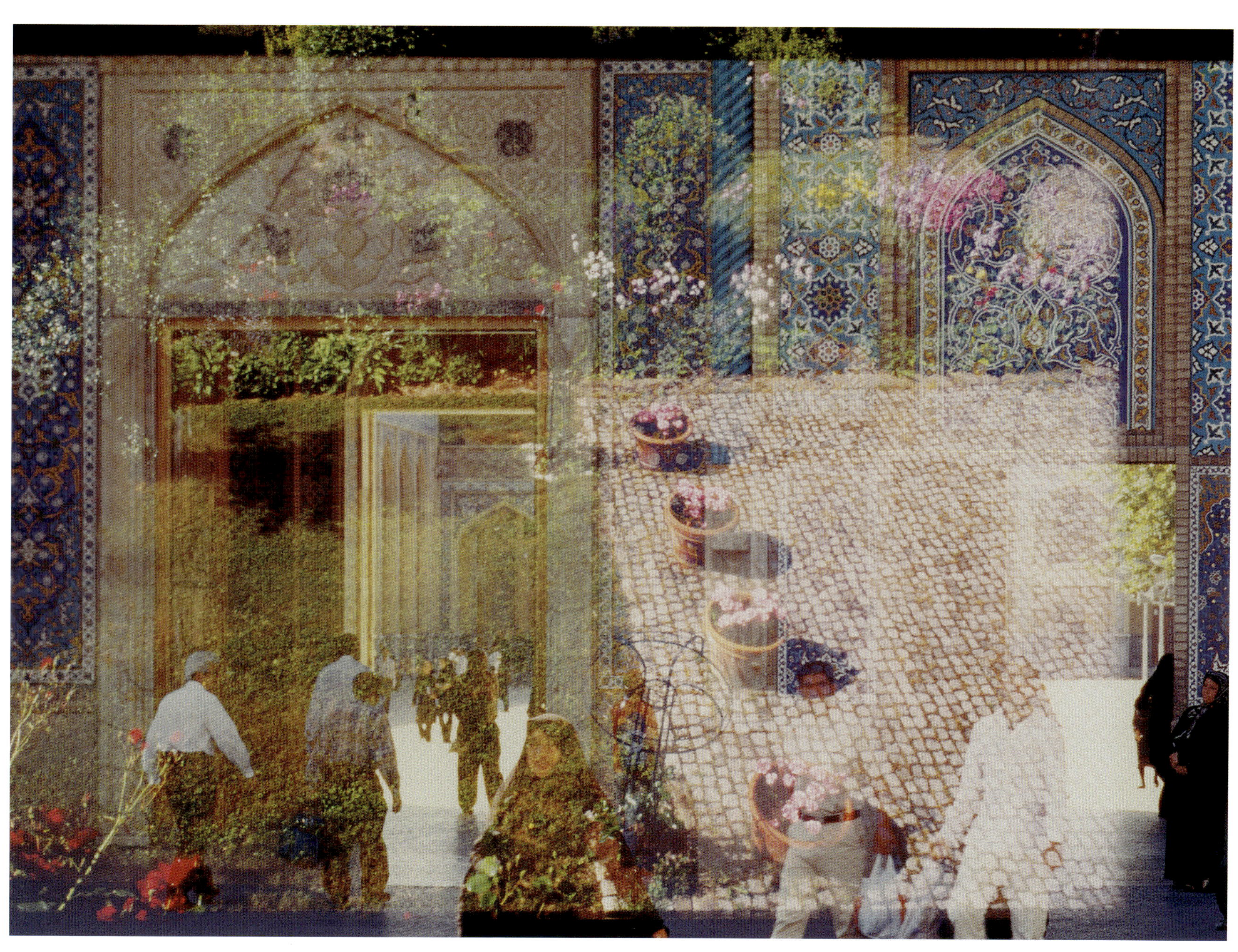

Hortus conclusus

8

Der Künstler ist anwesend
The artist is present

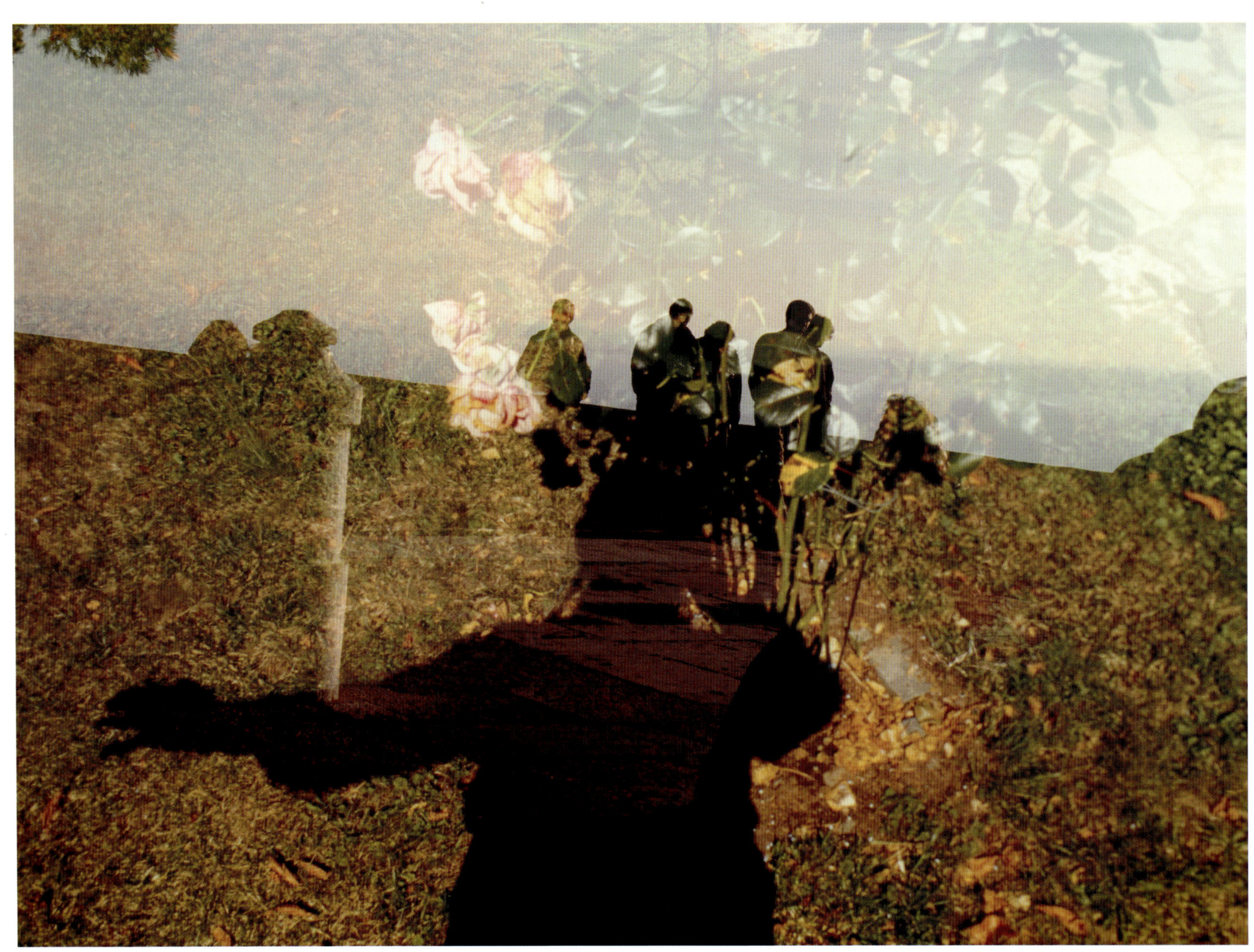

Besuch bei der Bergpartei / Visiting the mountain party

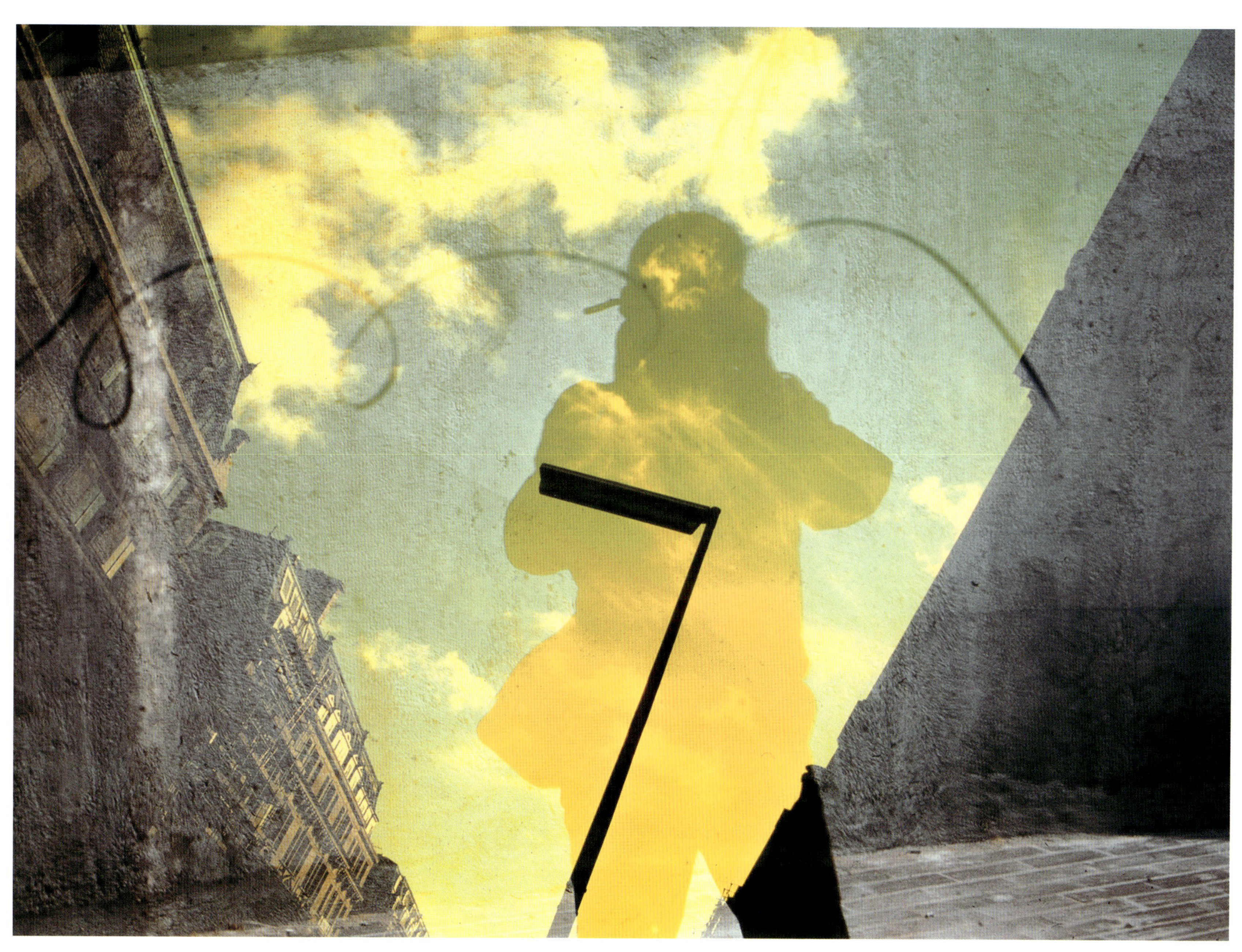

Aus der Distanz / From the distance

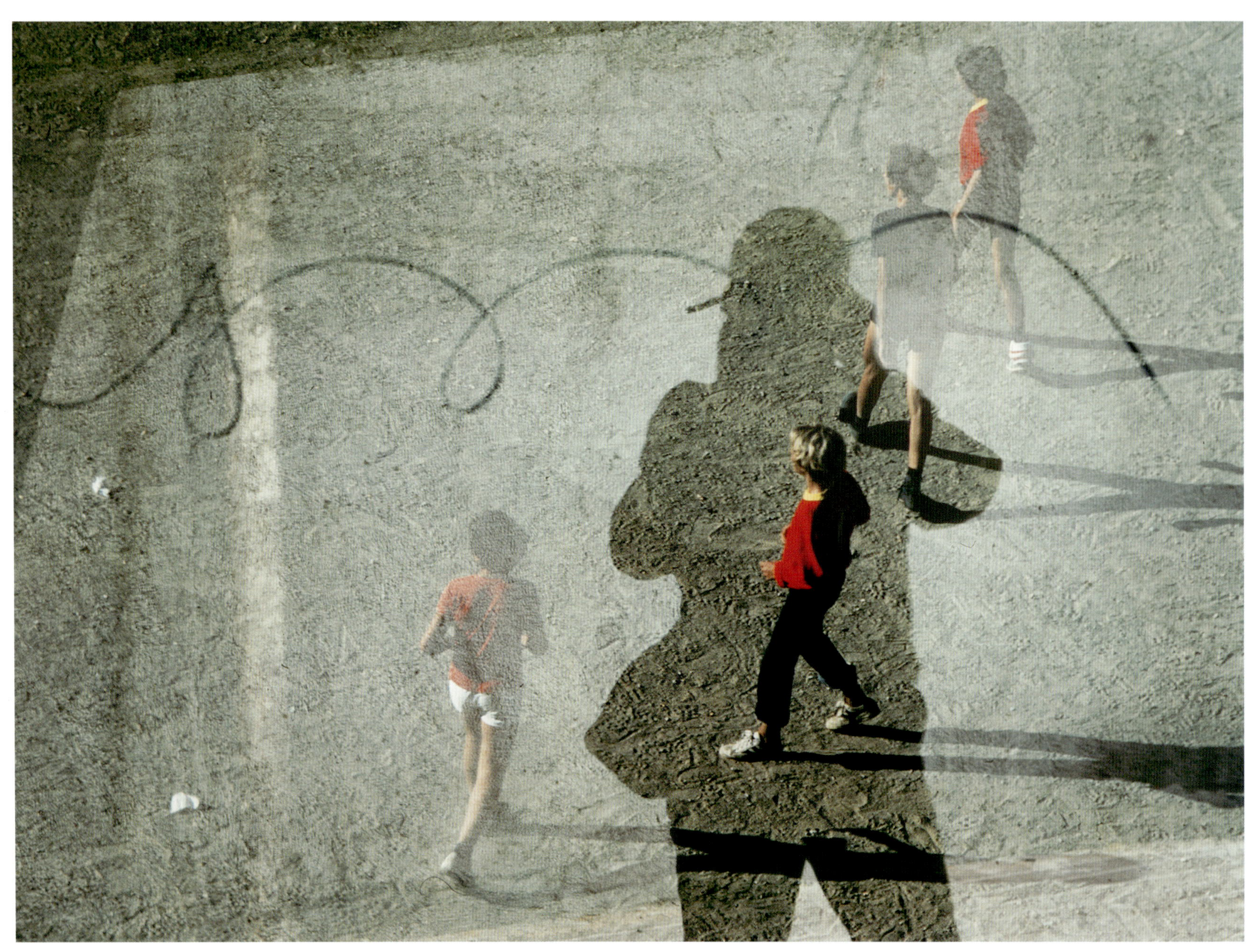

Nicht zu entziffern / Not to be deciphered

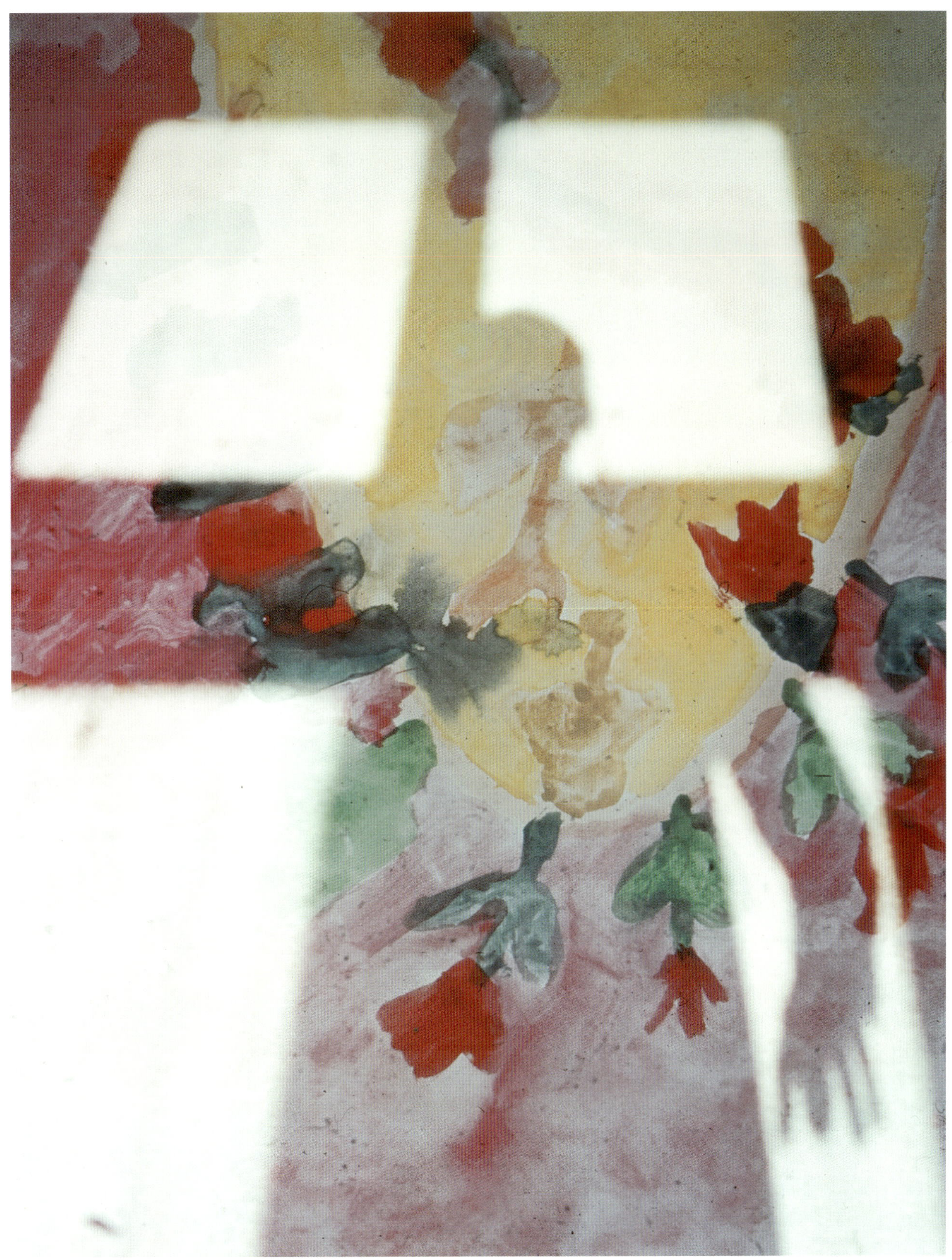

Früh am Morgen / Early in the morning

9

Der schöne Schein der Vergänglichkeit
The appealing semblance of transitoriness

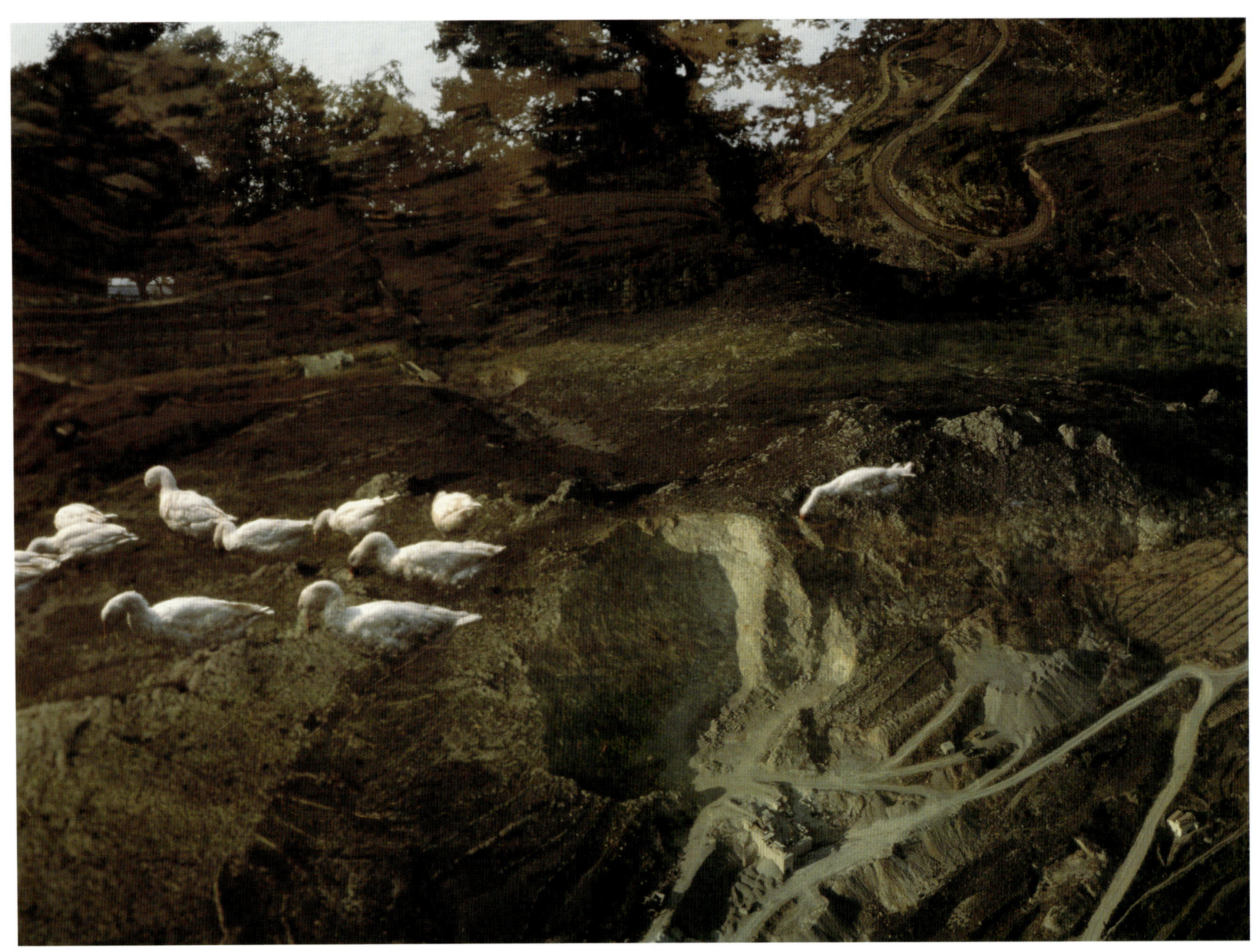

Kosmischer Einschlag / Cosmic impact

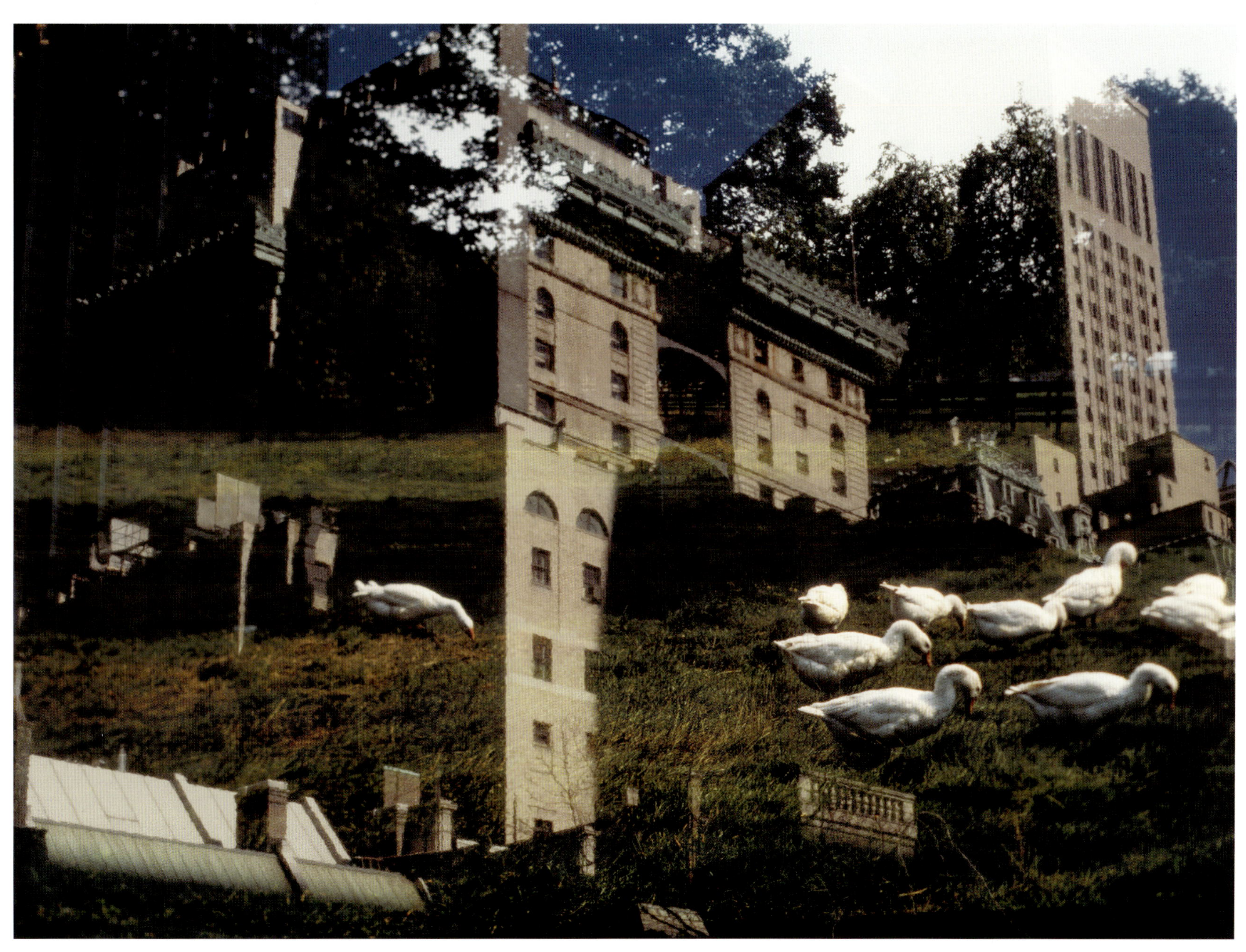

Die kapitolinischen Gänse / The Capitoline geese

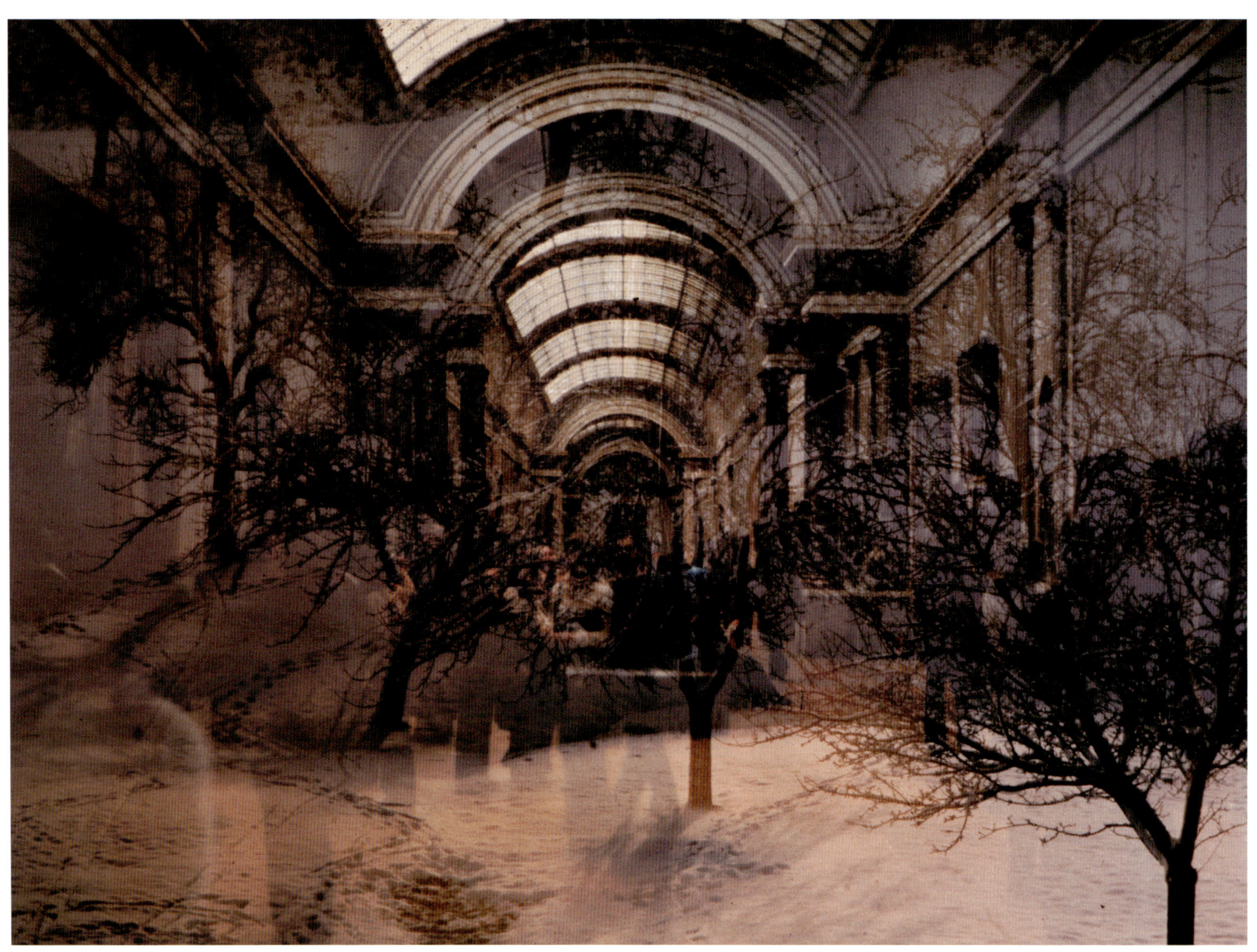

Neue Eiszeit / New ice age

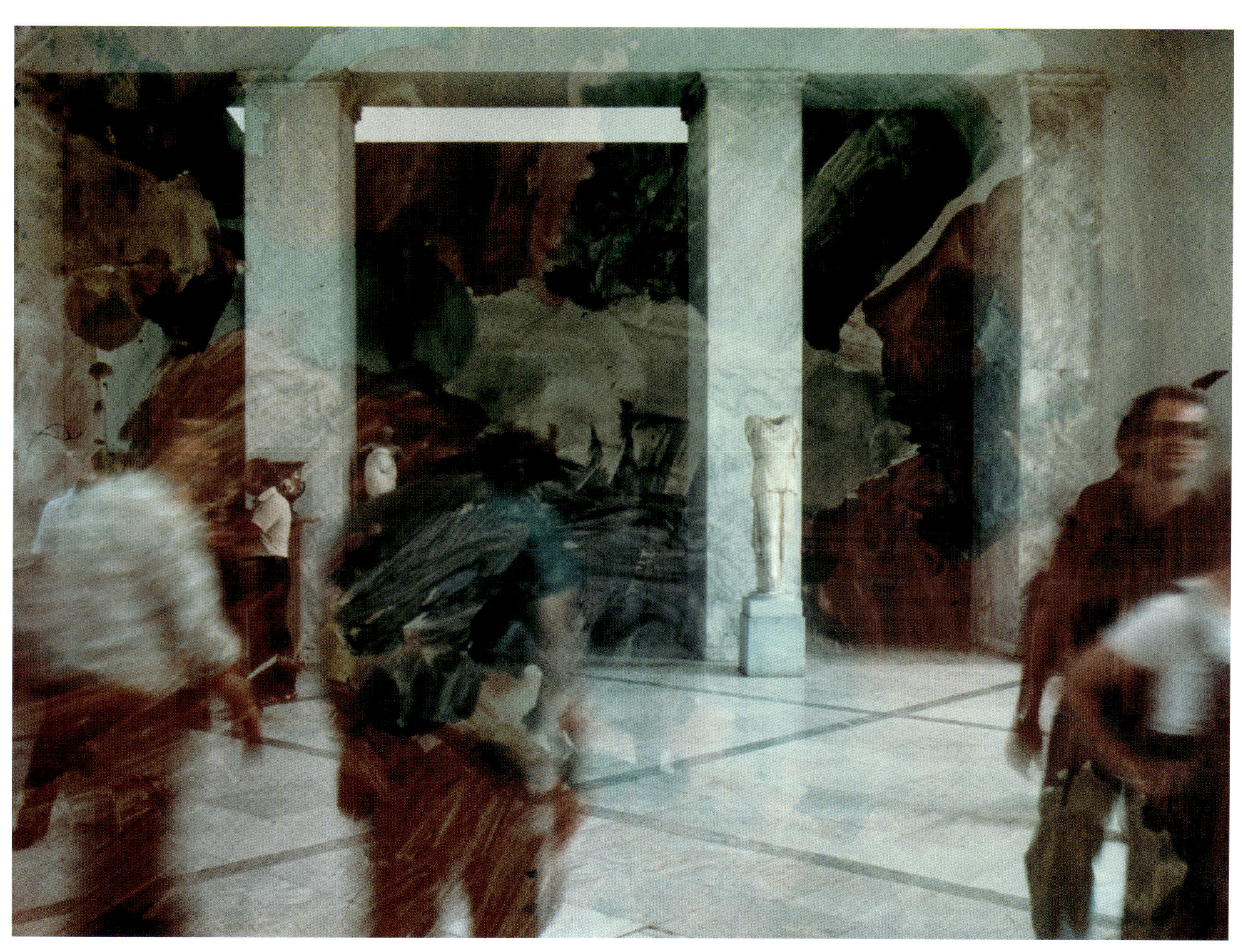

Bei Calypso / At Calypso

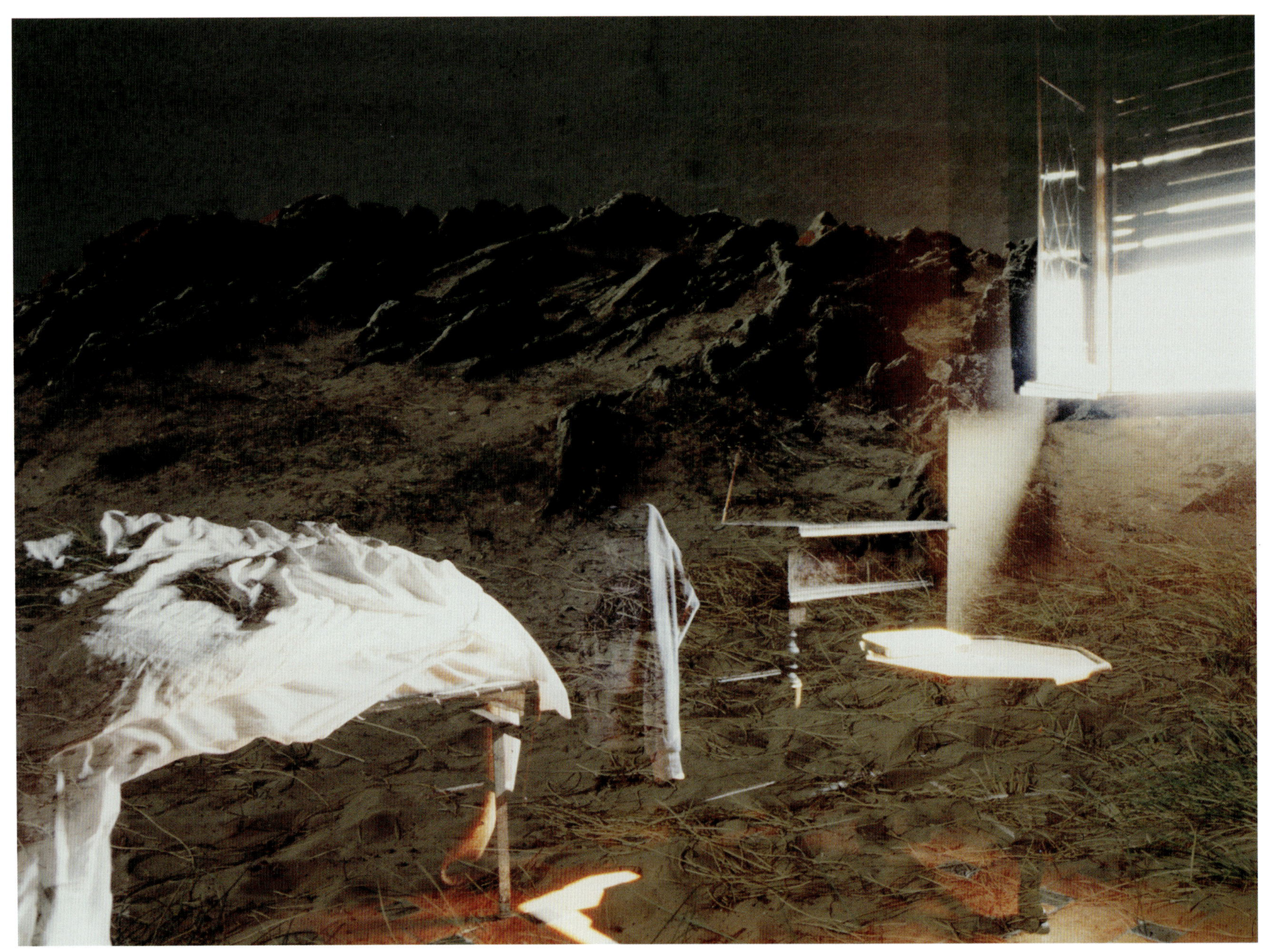

Der Schlaf der Vernunft / The sleep of reason

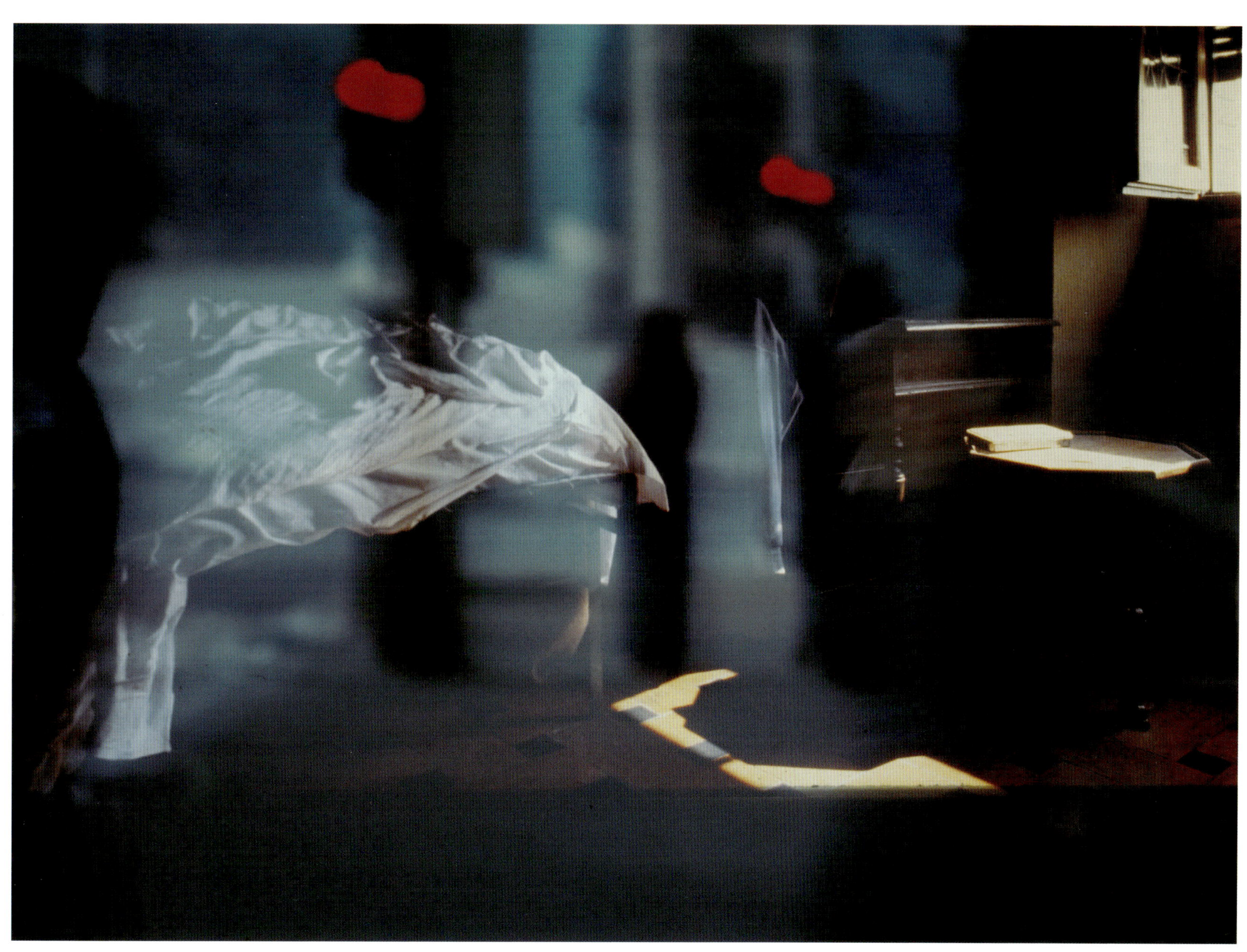

Stille Tage in Levanto / Quiet days in Levanto

10

Bessere Aussichten
Better views

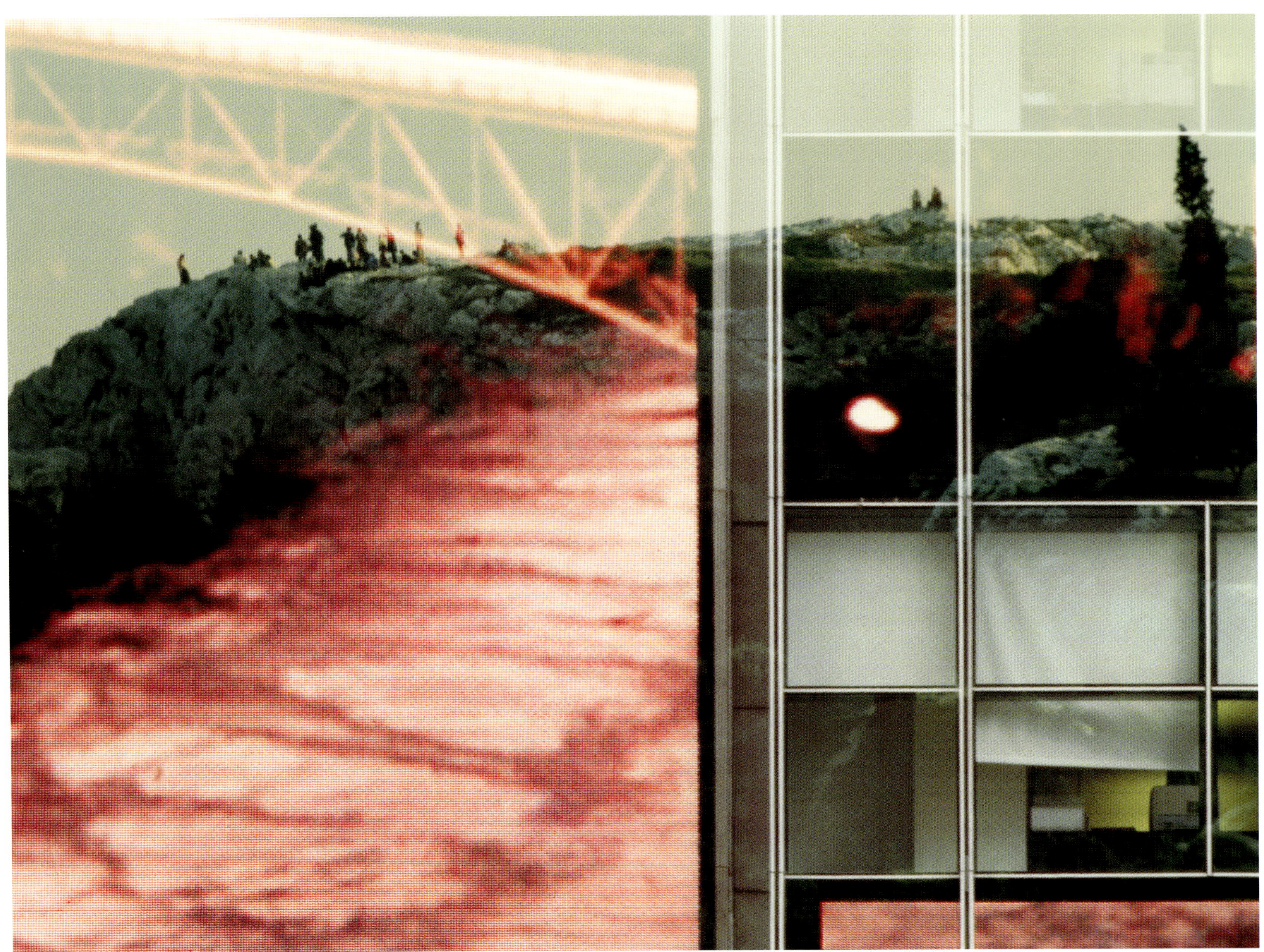

Unbekannte Katastrophe / Unknown catastrophe

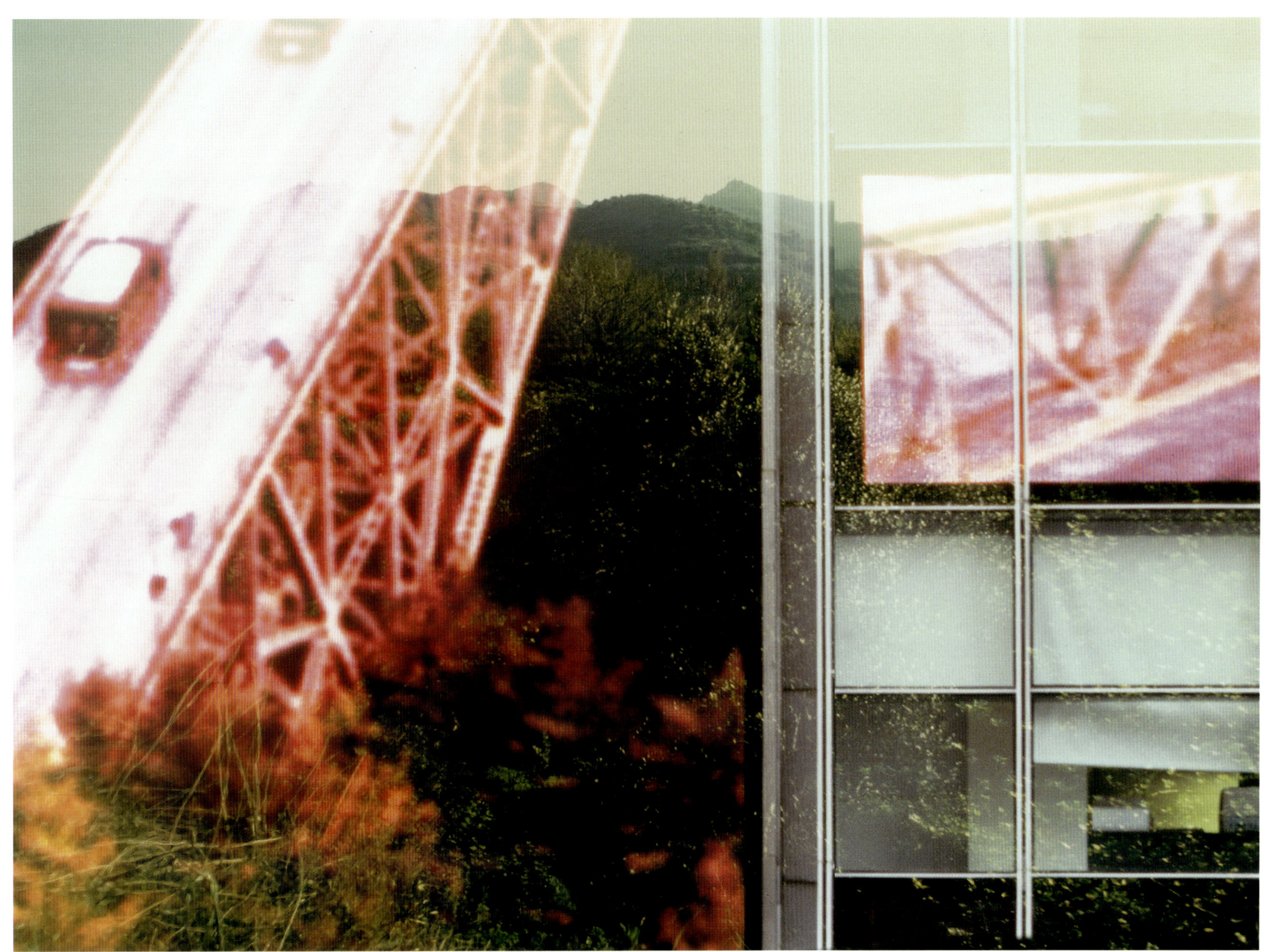

Brückenangst / Fear of bridges

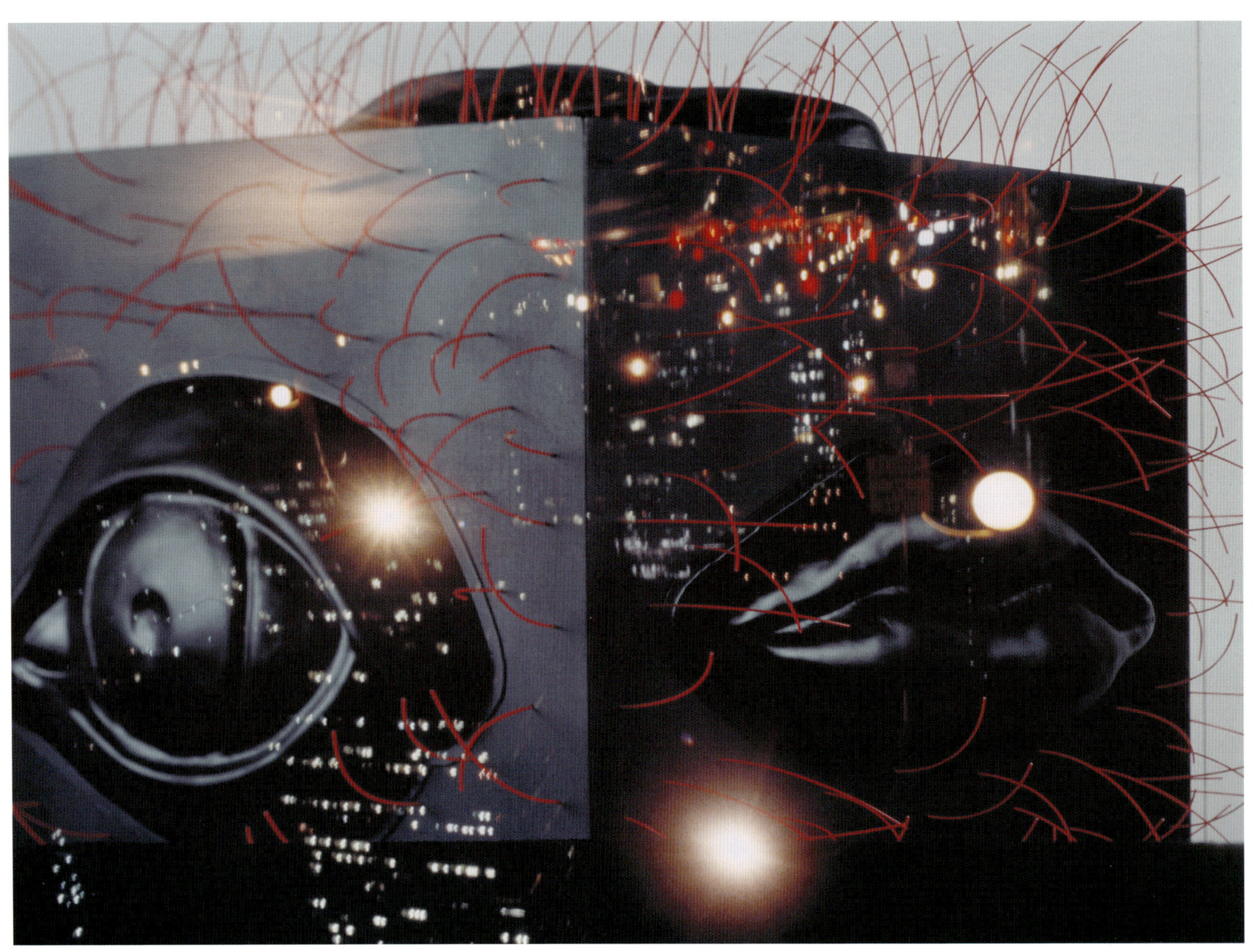

Vernetzte Welt / Connected world

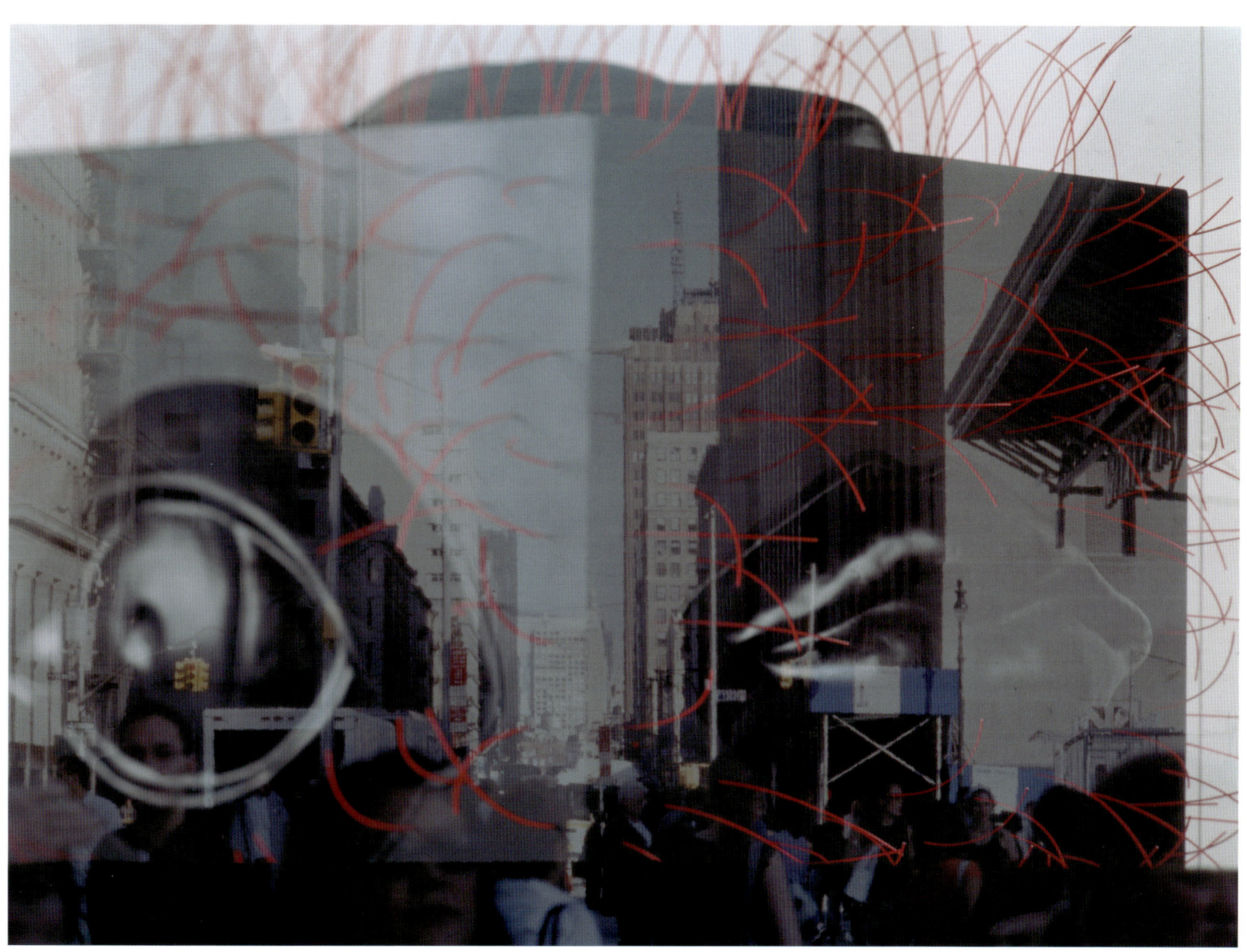

Kolossale Aussicht / Colossal view

Albrecht Ade
Über das Licht

Morgens

Die Sonne kriecht aus den schwarzen Schatten der Nacht.
Sie kündigt es an mit hellen Streifen und gelblichen Flecken, die über den östlichen Himmel fliehen. Ein frühes
Flugzeug mit einer Ladung Menschen, die den Tag nicht
erwarten konnten, zieht mit aufgeregtem Blinken die erste
weiße Linie nach Südwesten, wo man noch im Finstern
nichts von den Ankündigungen des neuen Tages erfahren
hat. Noch ungewisse Regionen öffnen sich der Helligkeit,
und auch im Süden sind plötzlich ganze Bergpartien be-
strahlt, als ob dort die Wallfahrt zum Heiligtum der Göt-
tin der Morgenröte bereits begonnen hätte.

Ein unsichtbarer Regisseur übernimmt jetzt die Licht-
regie vom Dunklen zum Hellen. Und schon setzt er wie
zufällig seine Spots auf einzelne weit verstreute Fenster,
als wenn Pfeile abgeschossen würden mit dringenden
Botschaften für den beginnenden Tag. Der Schauplatz
wird unüberblickbar. Er dehnt sich immer mehr nach
Norden und in die Tiefe des Raumes aus. Selbst entfern-
te Höhenzüge werden von dem über das Land rasenden
Licht erreicht. Dunst wird sichtbar in den Senken und
Tälern, und in den Schluchten verhüllt noch zäher Nebel
als Nachhut der Nacht die Häuser und die lärmend star-
tenden Motorräder. Aber bald verdampft das triumphie-
rende Licht den Nebel zu fragilen Schleiern, aus denen
Schornsteine und Strommasten ragen. Dann ist auch dieser letzte Flecken der Nacht abgerungen, und es ist Morgen. Bussarde und andere Raubvögel, steigen auf und
beginnen mit sonnenbeglänztem Gefieder ihre aufmerk-
samen Kreise zu ziehen.

Mittags

Der Mittag kam, wie wenn schon lange eine Dürre an-
gekündigt gewesen wäre. Ich fühlte, wie das grelle Licht
mit der aufkommenden Hitze verschmolz, ja die Hitze
lag schon wie ein flimmernder Teppich über den gelben
Feldern. Ich spürte, wie der High-noon sich als photogra-
phiefeindliche Tageszeit etablierte. Diffuser Dunst ver-
schleierte die Konturen, und im herausgefilterten Licht
verschwammen die Kontraste. Das Land lag müde und
leidenschaftslos unter der grellen hohen Sonne.

Über die Hibiskussträucher mit den weit geöffneten
roten Blüten flogen Libellen. Schnell tauchten sie wieder
in den spärlichen Schatten, als müßten sie ihre wächser-
nen gelben und blauen Flügel vor den Strahlen der Sonne
schützen. Hinter dem Gatter träumte das Vieh mit tief
hängenden Köpfen vom Regen, der die Fliegen und auch
die Sonne verscheucht. Ganz in der Ferne, mehr zu erahnen als deutlich zu sehen, hing federleicht eine schma-
le, weißliche Wasserfläche zwischen den blassen Wald-
stücken. Ja, wenn es doch das Meer wäre, das seine wind-
gepeitschten Wellen in die Bucht triebe, dahinter die er-
sehnte Gewitterwand mit ihrem rasenden Wechsel von
Hell und Dunkel und den grandiosen Übergängen von
Licht und Schatten.

Dann würde das Land, das jetzt wie in Agonie daliegt,
wieder seine Farben und Formen bekommen, die Hügel
würden sich wieder deutlich aus der Ebene erheben und
die Schluchten in die Tiefe weisen. Während der Sonnen-
finsternis im vergangenen Jahr hatten die Hibiskusblüten
ihre Kelche aus Angst vor dem Ende der Welt verschlos-
sen und sie erst erneut geöffnet, kurz bevor sich wieder
ein schmaler, blitzender Streifen der Sonne zeigte. Dann
fing auch das Konzert der Vögel wieder an, die während
der Dunkelheit ängstlich am Boden gesessen hatten. Sie
begrüßten an diesem Tag zweimal das Tageslicht.

Abends

Ich stehe im tiefen Schatten und blicke auf den noch hell
erleuchteten Hügel gegenüber. Hinter mir ist es so dunkel,
daß ich kaum die Zweige in den niedrigen Sträuchern erkennen kann, die den schwärzlichen Hang überziehen, auf
dessen Kuppe ich stehe. Der namenlose Hügel im Westen
hat sich für einige Augenblicke mit allen landschaftlichen
Schönheiten geschmückt, die er aus dem Füllhorn des
Lichts und der Farben verstreuen konnte.

In diesem Moment versinkt die Sonne, und in die
Farben der Bäume von gelb zu braun und grün wird von
einer unsichtbaren Hand Bläuliches, ja schon Violettes
gemischt. Im Stellwerk des Lichts und der Dunkelheit
entstehen plötzlich schwärzliche horizontale und diagonale, von Zäunen begleitete Gräben, die bisher unsichtbar
waren. Während das Licht zwischen den Bäumen und
auf den Wiesen weiter verfällt, sehen die Gräben aus wie
Narben von früheren Einkerbungen. Wer weiß, vielleicht
sind es die Spuren von schütteren Befestigungen, jetzt
überwachsen und abgeflacht, oder von Vieh und Zug-
tieren eingetretene Wege.

Immer mehr erobern die Schatten der Bäume und
Gräben ihr helleres Umfeld und breiten sich aus. Schon
wird die beinahe monochrome, zu mir geneigte Fläche
von einem zögernden und immer wieder verschwinden-
den Lichtpunkt markiert, der sich langsam aus der Mitte
zum Rand hin bewegt und dann erlischt. Jetzt beschleu-
nigt sich der Verfall des Lichts. Alle Umrisse verschwin-
den, und nichts unterscheidet mehr das eine vom andern.
Nur die harte Trennungslinie zwischen dem schwarz
gewordenen Hügel gegenüber und dem kalten Himmel
bleibt noch eine Weile bestehen.

Nachts

Die gewaltige Energie, die, durch einen Blitz ausgelöst,
in der tiefsten Nacht die Landschaft erleuchtet, so daß
wir für einen Augenblick das verwüstete Land oder die
Majestät eines Gebirges sehen, ist als Bild nicht wieder-
holbar. Es ist reiner Zufall, wenn der Blitzschlag aus
einem dramatischen Nachthimmel für einen Augenblick
die geheimnisvolle Landschaft ins Licht zerrt. Der grelle
Blitz in der Nacht erzeugt blauschwarze Bilder. Es ist ein
anderes Schwarz, das wir sehen, wenn wir das Licht aus-
schalten und dann durch einen Raum gehen. Wir sehen
wieder ein anderes Schwarz in der Mondnacht im Schatten des Hauses.

Wir müßten im schwärzesten Schwarz suchen, hät-
ten wir einen Schlüssel unter dem Baum verloren, der im
Schatten des Hauses steht. Und wenn wir uns in einem
dunklen Raum aufhielten, in dem ein Fenster zur Nacht
hinaus nur soviel Licht spendet, daß wir die Umrisse der
Gegenstände erkennen, wenn wir eine Weile verharrend
im Dunkeln ständen, könnten wir die Abstufungen der
Dunkelheit vom hellsten Grau bis zum tiefsten Schwarz
erkennen: das verfremdete Astwerk, das der Baum vor
dem Fenster auf eine tiefdunkle Wand zeichnet, die in
Wirklichkeit weiß ist. Das helldunkle Muster der getiger-
ten Katze auf dem Schachbrett des Fußbodens. Die Inten-
sität des Lichts in ihren Pupillen, die augenblicklich er-
löschen, wenn draußen ein Auto vorbeifährt.

Albrecht Ade
Albrecht Ade, About Light

Morning

The sun creeps out of the black shadows of night. It announces this with bright strips and yellowish patches fleeing across the eastern sky. An early plane with a load of people who could not wait for the day describes the first white line to the south-west with agitated flashing, where, still in darkness, nothing has been experienced of a new day's portents. Regions that are still uncertain open up to the brightness, and in the south as well whole sections of mountain are suddenly lit up, as though the pilgrimage to the shrine of the goddess of dawn had already begun there.

An invisible director now takes over the lighting change from dark to light. And already he is pointing his spotlights at individual scattered windows, as though arrows are being shot with urgent messages for the coming day. The scene becomes too big to appreciate in full. It extends further and further north and into the depths of the space. Even distant ranges of hills are reached by the light racing over the land. Mist becomes visible in the hollows and valleys, and in the gorges stubborn fog, night's rearguard, still veils the houses and motor-bikes bursting into noisy life. But soon triumphant light vaporizes the fog into fragile veils through which the chimney and the pylons thrust. And then even this last little refuge is wrested away from night, and it is morning. Buzzards and other birds of prey take off and start to wheel in their attentive circles, their plumage gleaming with sunlight.

Midday

Midday came as though a drought had long been predicted. I felt the harsh light melting into increasing heat, indeed heat was already sprawling over the yellow fields like a shimmering carpet. I sensed that high noon was establishing itself as a time of day hostile to photography. Diffuse mist veiled contours, contrasts blurred in the filtered-out light. The land lay tired and passionless under the harsh, high sun.

Dragonflies flew over the hibiscus bushes with their wide-open red flowers. They rapidly back into the sparse shade, as though they had to protect their waxy yellow and blue wings from the rays of the sun. Behind the fence, their heads hanging low, cattle dreamed of the rain that gets rid of the flies and the sun as well. In the far distance, more to be sensed than clearly seen, a narrow, whitish stretch of water hung featherlight between pale woodland patches. Oh, if it really were the sea, driving its wind-lashed waves into the bay, beyond it the longed for thunder-wall with its rapidly switching light and dark and grandiose transitions of light and shade.

Then the land, now lying as if in agony, would get its colours and shapes back again, hills would rise distinctly out of the plain again, and gorges point into the depths. During last year's eclipse of the sun the hibiscus blossoms closed their flower-cups, fearing the end of the world, and only opened again shortly before a narrow, flashing glimpse of the sun reappeared. Then the birds' concert started as well; they had been sitting anxiously on the ground in the darkness. They were greeting the daylight for the second time that day.

Evening

I am standing in deep shadow and looking at the hill opposite, which is still brightly lit. Behind me it is so dark that I can scarcely make out the branches in the low bushes growing on the blackish slope I am standing at the top of. The nameless hill in the west has adorned itself for a few moments with all the landscape beauties it could scatter from the cornucopia of light and colour.

At this moment the sun sets, and a bluish, even purple tinge is mixed into the trees' yellow to brown and green colours. The dimmer control board suddenly produces blackish horizontals that were previously invisible, ditches accompanied by fences. As the light fades more between the trees and on the meadows, the ditches look like scars from earlier carvings of notches. Who knows, perhaps they are traces of sparse fortifications, now overgrown and flattened out, or paths trodden by cattle and draught animals.

The shadows of the trees and ditches increasingly triumph over their lighter surroundings and spread out. The almost monochrome area sloping towards me is already marked with a hesitating and occasionally disappearing point of light, moving slowly from the centre to the edge and then going out. Now the light declines more rapidly. All outlines disappear, and nothing distinguishes one thing from another any more. Only the hard dividing line between the now black hills opposite and the cold sky remains for a while.

Night

The massive energy released by a flash of lightning, lighting up the landscape at the dead of night so that for a moment we can see the devastated land or the majesty of a mountain range, cannot be repeated as an image. It is the merest chance if a flash of lightning from a dramatic night sky floods the mysterious landscape with light for a moment. The harsh flash in the night creates blue-black images. We see a different black when we switch off the light and then walk through a room. And we see another black again in moonlight in the shadow of a building.

We would have to search in the blackest of blacks if we had lost a key under a tree that stands in the shadow of this house. And if we were in a dark room in which a window on the night provides only enough light to make out the outlines of objects when we stand waiting in the dark for a while, we would be able to see the grades of darkness from the lightest grey to the deepest black: the alienated branches that the tree outside the window draws on a profoundly dark wall that is white in reality. The light-and-dark pattern of the stripey cat on the chessboard of the floor. The intensity of the light in its pupils, extinguished for a moment when a car drives past outside.

Ich danke besonders Professor Thomas Haegele, dem Leiter des Instituts für Animation, Visual Effects und digitale Postproduktion der Filmakademie Baden-Württemberg, und Hans-Joachim Steck, dem kaufmännischen Geschäftsführer der Akademie, für die freundliche Unterstützung bei der Drucklegung dieses Werks.

Mein Dank geht auch an Professor Dr. Bernd Rau, der mir mit seiner profunden Kenntnis der künstlerischen Photographie bei der Auswahl der Abbildungen sehr geholfen hat.

Nicht zuletzt möchte ich mich bei Franz Sperker und Axel Menges für die drucktechnische und reprotechnische Beratung und bei meinem Sohn Gregor Ade für die Design-Beratung bedanken.

Albrecht Ade

My particular thanks go to Professor Thomas Haegele, director of the Institute of Animation, Visual Effects and Digital Post-Production at the Film Academy Baden-Württemberg, and to Hans-Joachim Steck, the commercial director of the Academy, for their kind support in getting this work to press.

I would also like to thank Professor Dr. Bernd Rau, whose profound knowledge of art photography helped considerably in the choice of the pictures.

And not least I would like to thank Franz Sperker and Axel Menges for advice on printing techniques and reproduction, and my son Gregor Ade for advice on design.

Albrecht Ade